Born in Österreich
Kind der 70er

Erzählung eines Zeitzeugen!

Im November 1974 ging ein dunkelhaariger Mann um
die 25 Jahre
höchstwahrscheinlich Zigaretten fressend im
Krankenhaus Mistelbach
nervös auf und ab.
Wahrscheinlich hat mein Vater Furchen in den
Linoleumbelag
getreten.
Doch rechtzeitig zum 20 Uhr 15 Abendprogramm des
ORF, es war
Montag kam ein kleiner Scheisser der meinen Namen
erhielt zur
Welt.
Genauer gesagt um 19 Uhr und ein paar Zerquetschte.
Ein Schrei, Nabelschnur durchschnippeln und ab in die
Stoffwindel.

1974 ein Jahr und ein Jahrzehnt aus heutiger Sicht
gesehen
eine andere Welt, ein anderes Weltbild.
Bruno Kreisky war Kanzler, Elvis war am Leben und
Nixon bekam
die längst fällige Strafe für sein Fehlverhalten.
Tja Neugier kann fatal sein.

Der echte Wiener kam damals noch aus dem
Fernsehkastl und
der Kommissar ermittelte in coolem schwarz-weiss
Teint.

Meine ersten Erinnerungen welche ich heute noch
nachvollziehen

kann waren die zahlreichen Ausflüge meiner Eltern mit dem Auto
entweder ins Burgenland oder zur Ruine Falkenstein.

Meine Füße trugen mich interessanterweise scheinbar unendlich
weit. Mein Papa gab mir konstant seine schützende Hand.

Wir hatten damals in den 70ern einen roten Farbfernsehapparat.
Und im Regal stand nur ein Buch, aber das Cover seh ich heut
noch vor mir.
Es war rot mit dem Konterfei eines älteren Herren darauf.
Wie es sich herausstellte war dies ein Buch über unseren damaligen
Bundeskanzler Dr Bruno Kreisky.
Dieses Werk sollte ich noch öfter in Händen halten.

An meinen ersten Tag im Kindergarten kann ich mich zwar nicht
lebhaft erinnern, an den Alltag in dieser Einrichtung sehr wohl.
Es war 1977/78 und ich hatte so eine echt lässige rote Latzhose
welche ich heute noch auf uralt Fotos bewundere.

Das Kindergartenleben bereitete mir nicht sonderlich viel Kopfschmerzen,
denn wenn man in einer Siedlungs Wohnung aufwächst, kennt man
die meisten Kinder ohnehin.
Was mir mehr Sorgen machte, war eher das Leben zuhause.

Ich bekam leider mehr mit, als mir lieb war. Denn mit den Jahren kam starke Distresse im Eheleben meiner Eltern auf.

Mein Papa hatte wie viele andere Männer in den 70ern ein Alkohol Problem.
Was mir nicht auffiel, denn oftmals hatten wir Besuch von Bekannten
und an diesen Abenden wurde so richtig gebechert.
Auch meine Mutter war Alkotechnisch keine Lärche.

Von Eierlikör über die Volksdroge Bier bis zu Schnäpsen allerlei
flossen die Gläser.
Als Kind war man mittendrin statt nur dabei in dieser lockeren aber gleichzeitig auch autoritären Zeit.
Disco war hochmodern und des Öfteren fand ich mich in Dorfdiscos
wieder, jedoch wer denkt dass Kinder in solchen Etablissements selten
waren, der irrt.
Während die Erwachsenen abtanzten lagen ich und andere Gschrappn
auf Bänken oder im Auto bis es wieder ab nach hause ging.

Dies war diese unbekümmert praktische Lockerheit dieses Jahrzehnts.

1977:

Der Tag als Elvis starb.
Viele die an diesem Tag im August 1977 am Leben waren, können
sich heute noch erinnern wo sie waren, als Elvis Presley starb.

Ich war interessanterweise knapp 3 Jahre alt, doch seh ich heute
noch die entsetzten Gesichter und Fassungslosigkeit der Menschen
welche damals um mich herum sich befanden.
Bei meinen Großeltern verbrachte ich einen Großteil meiner Kindheit
und genau da lasen sie es in der Zeitung.

>>

"Mama,diese Hose kratzt und tut weh."

Doch Mutter meinte nur, dass mir die Hose gut stehen würde.
Es waren diese komisch grauen Polyesterhosen mit Fischgrät Muster.
Widerlich diese Flunder.
Klar die waren pflegeleicht und Schmutz konnte man nicht so rasch erkennen.
Kurzum lieber praktisch und schmerzhaft als heikel und flauschig.
Das ist auch sinnbildlich für meine Kindheit in den wilden Jahrzehnten.

>>

Meine Kindheit war wie die der meisten von Zeichentrick Serien
ala Heidi, dem Mädel aus den Schweizer Bergen und Pinoccio geprägt.
Obwohl ich nie verstand warum bei diesem schweizer Girlie nicht das Jugendamt kam.
Schließlich wohnte die ja bekanntlich in den Bergen, bei ihrem Großvater auf dem Dachboden und was da mit Peter lief, erfuhren wir bis
heute nicht.

Hmmmm....
Tja und wenn diese Bergpomeranze so schwizerisch war, warum
sprach sie hochdeutsch.
Ehrlich die wohnte doch im tiefsten Hinterland.

Was dann endgültig spanisch war, zeigte jedes Mal der Abspann.
Da würde man doch annehmen dass da die urigsten Namen stehen müssten.
Aber Fehlschlag, da sah man nur japanische Namen.
Grübel, grübel....
War als Kind doch sehr verwirrend.

Dasselbe bei der Biene Maya, die war doch chronisch nackt und wahrhaft kein Vorbild, von Pinnoccio ganz zu schweigen.

Doch das ganze hatte eher eine moralische Message.
Hältst du dich an die Regeln, bist du sicher, hast aber viel weniger Spaß.
Eine präventive Vorbereitung auf das kommende Leben.

>>

Eine grosse Stütze damals war diese simple Strukturierung des
Alltages.
Denn man hatte klare Regeln, sei es im Kindergarten oder im
häuslichen Leben, wenn man gegen aufgestellte Regeln verstieß
wusste man schon vorher was einem blühte.
Genauso im Fernsehen.
Um 9 Uhr war AmDamDes
Danach Russisch oder Englisch

Halb 11 meist der Film vom Vorabend und danach Schnee
in der Flimmerkiste.
Warum ich und die meisten dies heute noch so genau wissen?
Struktur, welche sich einprägt.
Man lernte fürs Leben, das der Tag Struktur braucht.
Es bedarf
Eigeninitiative wenn die Alternative Pause macht.

Was man ebenso lernte war, Integration in die Gesellschaft, nicht
in die Allgemeine sondern dort wo man sich befand musste man
klar kommen, sonst blieb man auf der Strecke.

Freundschaften aufzubauen, Gemeinsamkeiten heraus zu finden
das war essentiell um im Kindergartenjungel Freude zu haben.
Wenn man so wie ich in einer Groß Siedlung aufwuchs, musste
man sich auch behaupten, sonst war man ganz schnell Opfer.

Klar es gab immer irgendeinen Idioten der den Boss spielte.
Wichtig war nur Freunde hinter sich zu haben, dann war dieser
selbst ernannte Boss nur mehr einer von vielen.

Als Kinder der ersten Nachkriegsgeneration, hatten wir natürlich
Großeltern, die den 2. vielleicht sogar den ersten Weltkrieg erlebt
und überlebt haben.
Somit hatten wir das Privileg, einiges aus erster Hand zu erfahren.

Kinder können sich diese Form von Krieg nicht wirklich
vorstellen.
Doch wenn man erfährt, dass es nicht
selbstverständlich ist, in den
Supermarkt wie damals Konsum auch KGM genannt
oder Hofer
zu fahren um dort mehr kaufen zu können als es dem
Überleben bedarf.

Auch die Sprache im Allgemeinen war eine rauhere.
Zum Beispiel gab es einen Schokoladenblock welcher
Negerbrot
hieß und Schwedenbomben waren Negerküsse.

Diese Supermärkte waren aufgrund des sogenannten
Wirtschaftswunders
sukzessive auf dem Vormarsch.
Womit auch das Massensterben der Einzelhändler im
Ort eingeleitet wurde.
Anfangs dachte man sich nicht viel dabei, weil man ja
für den Einkauf im Supermarkt meist 20-30 Kilometer
fahren müsste der Einzelhändler aber im Ort war.
Meist gleich um die Ecke.
Aber für Kinder war der KGM in Mistelbach das größte,
es gab
so ziemlich alles was nicht nur Kinderherzen höher
schlagen ließ.

Den Fleischhacker wie der Wurst und Fleischhändler
im Ort genannt
wurde den konnte so schnell niemand ersetzen.
Meist ging man über Stufen in das mit Glasvitrine
durchzogene Geschäft
um beim Fleischer seines Vertrauens Fleisch, Wurst
und Wurst oder Leberkäs
Semmel zu kaufen.
Hinter der Pudel also der Vitrine stand dann eine ältere
gstandene

Frau mit weissem Kittel und im Hintergrund brachte der Blut verschmierte
Fleischer immer neues Fleisch.
Uns Kinder hat das nichts ausgemacht dass es zuging wie in
einem Splattermovie.
Im Gegenteil, nur so kannten wir es.
Und zum Abschluss gab es noch ein Radl Extra..

>>

Kindergarten Tanten sind ja heutzutage eher pädagogisch und
antiautoritär.
Davon konnten wir träumen, meine Tante im Kindergarten hieß
Lotte und hatte eine lockere Hand und ein leichtes Alkoholproblem.
Warum dies niemanden störte?
Weil es nun mal so war.
Dabei hatten wir es noch gut.
Nebenan war eine Nonne als Kindergartentante.
Also waren wir im Vergleich noch gut dran. Spielzeug gab es, ja.

Doch Matator ein paar Legosteine und ein Puppenwagerl machten
das Kraut auch nicht fett.
Also improvisierten wir.
Einige destruktiv und andere machten das Beste daraus.
Während ich mich mit zwei Legosteine stundenlang beschäftigen konnte,
kam bei anderen meist die Rettung, weil wieder mal einige aus der Nase bluteten.

Das war Alltag im Kindergarten anno 1979/80.

>>

Immer wenn meine Großtante aus Wien zu uns kam,
gab es
Spielzeug in Hülle und Fülle.
Ich hatte oft das Gefühl ich hätte Geburtstag, aber
meist hatte
ich nicht Geburtstag.

Mal war es ein riesen Sack voll mit Spielzeug allerlei.
Von alledem mochte ich diese Turmringe ganz
besonders.
Dies waren Ringe in Pyramidenform auf einem
Plastikgestell.
Simpel gestrickt jedoch als Kind war es für meiner einer
toll.
Auch diese Bilderwürfel die man wenn man sie richtig
zurecht drehte
ein passendes Bild ergaben.

Lego war fast schon Luxus, von denen ich nur einige
Steine besaß.
Stundenlang im Kinderzimmer zu sitzen umgeben von
der Cowboy Tapete

und mit ein und dem selben Spielzeug zu spielen, kein
Problem
für mich.

Das förderte Fantasie und Kreativität.

Und zur Not ging ich die paar Stufen hoch und ab ging
es mit Freunden auf den Spielplatz.
Zwar spärlich ausgestattet mit Rutsche, Schaukel und
Sandkiste
doch mehr brauchten wir nicht.
Vielleicht etwas Wasser um kleine Sandburgen zu
bauen.
Vor allem Baustellen weckten unsere Abenteuerlust.
Durch diese Rohbauten zu spazieren, da konnte
hundert Mal
"Eltern haften für ihre Kinder." stehen.
Solange wir nicht lesen konnten, bemerkten wir die
Schilder nicht mal.

>>

Wenn ich bei meinen Großeltern residierte, war ich den
ganzen
Tag im Freien und spielte mit den vielen Katzen die
sich im Garten breit machten.
Abends ging meine Oma mit Essensresten in Milch in
den Garten
und schrie immer 'Mietz mietz mietz' und es dauerte
keine Minute
und aus dem Nichts tauchten mindestens 20 Katzen
auf.
Meine Oma hatte eine dermaßen liebliche Stimme,
dass ich ihren
Katzenruf heute noch höre.

Lustig wurde es auch wenn Opa, während wir fern
sahen immer

seine Geschichten erzählte. Doch ab schlag 19 Uhr 30 herrschte Funkstille.
Denn da gab es die tägliche Zeit im Bild kurzum die Tagesnachrichten.
Und da lauschte er gebannt und gleichzeitig regte er sich auf, wenn Politiker wieder mal obergscheit daher redeten.

Ich verstand es nicht, war aber fasziniert von der Tatsache sich übers Fernsehprogramm aufzuregen.

Ich hatte das Glück wirklich ehrenhafte und großartige Großeltern väterlicherseits gehabt zu haben.
Opa war im Krieg und erzählte dass er wie viele andere auch in Kriegsgefangenschaft war.
Allzu viel erzählte er nicht, sondern er brachte das Ganze eher auf lustige
humorvolle Art und Weise rüber.
Man merkte jedoch insgeheim diesen leichten Schmerz. Dieses humorvolle
und eher Stimmungs machende habe ich von ihm geerbt.
Auch bei mir übermalt diese Art manchmal Schmerz der Vergangenheit.
Vielen anderen dient dies ebenfalls als eine Art Schutzmechanismus.

Mit meiner Großmutter konnte ich wunderbare Gespräche führen,
egal in welchen Alter ich gerade war.
>>

Musikalisch war ich immer schon, es gab damals als ich so in etwa
5 Jahre alt war Bands wie Boney M, Hot Chocolade und allem voran
ABBA.
Ich habe sehr viel vor mich hingesungen.

Mein Vater jedoch war ein grandioser Sänger.
Außerdem spielte er Akkordeon.
Begnadet und überall beliebt war er, vor allem ist
aussagekräftig dass wenn er zu einem Heurigen kam,
die Betreiber meist eine Ziehharmonika parat hatten.

Denn war mein Papa mal im Kellergewölbe, konnte die
musikalische Show losgehen.
Dies und das Faktum dass es auch bei uns zuhause
des Öfteren
Besuch gab, nur um meinen Vater sich selbst mit
Akkordeon begleitend singen zu hören.

An ein Hausmusik Event in unseren Keminaten kann
ich mich noch gut erinnern.
Davon gab es eine Tonbandaufnahme, welche im
Laufe der Zeit leider Gottes verloren ging.
Es war eine Zeit der Geradlinigkeit, der
Handschlagqualität im wahrsten
Sinne.
Wenn Kinder damals an einen Schluck Eierlikör
nippten, war dies
kein Malheur.
Wir saßen damals unter den rauchenden Erwachsenen
und konnten die Nikotin geschwängerte Luft sichtbar
mit den Fingern durchschneiden.
Doch niemanden wäre auch nur im entferntesten die
Idee gekommen
empört zu sein.

>>

1980

In meinem 6. Lebensjahr geschah so einiges, jedoch
bekam ich
schon mal einen Vorgeschmack darauf was es heißt
Verluste hinzunehmen.

Die existentiellen Erfahrungen im Leben zu erfahren.
Denn sein wir uns mal ehrlich, wer in einer rosa Blase aufwächst,
will auch noch mit 25 Pony reiten.
Widerliche Vorstellung.

Mein Vater und meine Mutter entfremdeten sich spürbar.
Ich war damals sehr oft bei Papa denn nach mehreren Streitereien
zogen wir zu einer Familie, die so richtig jenseits von gut und böse war.
Der Vater war ein trunksüchtiger Choleriker, seine Töchter waren Nymphen
und der Sohn eine diebische Elster.

Also die besten Voraussetzungen für eine produktive Entwicklung.
Und ich mittendrin. Lange hielt ich es dort nicht aus da ich weder
meine Mutter noch diesen brachialen Schritt verstand.
Da verweilte ich auf jeden Fall lieber bei Papa.
Er nahm mich mit ins Wirtshaus und gab mir jedes Mal einige Schillinge, damit ich mir entweder Erdnüsse oder Kaugummis aus dem Automaten
drehen konnte.
Ich war in seiner Gegenwart einfach nur glücklich und innerhalb kurzer
Zeit kannte ich alle Gaststätten im Umkreis von 20 Kilometer.
Sei es in meiner Heimatstadt oder in Ginzersdorf.
Wenn wir kamen kannten die Leute dort nicht nur meinen Vater, nein sondern auch den
kleinen an der Hand seines Vaters.
Wirtshäuser gab es in jedem Dorf als eine Art Rückzugsgebiet
für Männer um deren Frauen zu entgehen. Oder einfach zum

Fussball oder Formel 1 in gemeinsamer Männerrunde
zu sehen.
Klar daheim mit Kind und Kegel sitzt man eher einsam
vor dem
Fernsehkastl und keiner versteht einen wenn ein Tor
fällt oder es den Niki Lauda zerbröselt.
Wenn der Wirt ein Fernsehgerät besaß war er ein guter
Wirt.
Zu dieser Zeit hatten wir sportlich noch ein
bedeutendes Wort mitzureden.
Niki Lauda nahm sich zwar eine Auszeit, jedoch hatten
wir mit ihm einen sportlichen Volkshelden mit 2
gewonnenen Formel 1 Weltmeisterschaften.

Im Fußball hatten wir den Krankl Hans und den
Schneckerl Prohaska
und im Schi fahren natürlich Franzi Klammer und Harti
Weirather.
Helden die der österreichischen Nation Stolz verlieh
und das macht jede Menge aus.
Denn das Volk identifiziert sich mit ihren Helden und
damit werden auch die Fans zu Helden.

Und wo feiert man Siege am Besten als im Gasthaus
mit Gleichgesinnten.

>>

Wir hatten im Ort ein Geschäft, eine Bäckerei und
einen Fleischer.
Mehr brauchte man nicht.
Persönlicher wars, Dienst am Kunden, als Kunde noch
König war.
Ging man ins Einzelhandelsgeschäft bekam man,
Waschmittel, Obst, Gemüse
der Saison eine Wursttheke Süßigkeiten und eine
Kassa.

Basta.
Mehr kannte man nicht, mehr wollte man nicht und die Verleitung
Dinge zu kaufen, die man essentiell nicht benötigte gab es in Supermärkten
ala Konsum, und den neuen billig Märkten die wie Pilze aus dem Boden wucherten.
Früher, mal schnell Sonntags zum Bäcker um Semmeln und Zimtschnecken.
Frischer Kaffee und los ging ein bequemes Wochenend Frühstück.
Das Preis Leistungsverhältnis war ideal und alle waren zufrieden.
Aber man hörte schon Anfang der 80 er Jahre im Fernsehen über
das Geißler und Bäckersterben.
Es war ein Schema wie immer. Zuerst in Deutschland, dann in Wien und schlussendlich am Land.
Denn durch die Mobilität der Bevölkerung mit Autos wurde es Usus, am Wochenende nach Wien einkaufen zu fahren.
Ins Donauzentrum und weitere Einkaufszentren.
Nur anfangs hatte man noch gelacht warum in die Ferne schweifen, wenn das Gute liegt so nah.

Doch wenn mal ein Großeinkauf anstand, setzten wir uns in den
VW-Käfer meines Großvaters und ab nach Mistelbach zum Konsum.
Schon wenn man den Einkaufstempel betrat, erspähte man zur Rechten
das Selbstbediehnungs Restaurant mit seinem speziellen Geruch.
Geradeaus gab es eine Reihe aufgestellter Fahrräder und dann erst ging man durch den automatischen Balken.
Somit war man im inneren des Supermarktes.

Damit konnte das gustieren beginnen, rechts
Schallplatten, weiter
vorne Obst in Hülle und Fülle.
Opa und mich zog es aber ohnehin ganz nach vorne
zur Wurstpudl.
um unsere obligatorische Käsewurstsemmel zu kaufen.
Damals bekam man für 5 Schilling noch eine reichlich
ausgestattete und sättigende Wurstsemmel.
Natürlich wurde diese österreichische Identitätsnahrung
im Geschäft während des Einkaufs verspeist.
Das machte es so besonders. Dies war mein erstes
Fast Food
und wird, auch wenn es heute an Geschmack und Flair
fehlt das beste schnelle Futter bleiben.

Zuhause angekommen musste man Säckeweise das
Eingekauft ins Haus bringen.
Darunter befand sich immer und ausnahmslos 3
bestimmte Dinge.
Dany plus Sahne, Frufru, und natürlich Nömmix.
Ohne konnte ein Supermarkt Einkauf nicht enden.
Denn genau diese drei Pudding und Joghurts wurden
in jeder Familie inflationär verspeist.

>>

Neues Jahrzehnt, neue Musik und Mode.

1981 wurde ich eingeschult.
Ich kann mich noch gut erinnern dass ich meiner
Kindergartentante
ständig auch die Nerven ging, da ich im Gegensatz zu
den anderen
Kindern schon vor der Schule schreiben und lesen
lernen wollte.
Vor allem die Bemächtigung der englischen Sprache
war mir schon

damals wichtig. Sehr atypisch für ein knapp 6 jähriges Kind, aber
irgendwann setzte sie sich zu mir und schlug ein paar Bücher auf.
Und so kam es dass ich in der ersten Klasse bereits weiter war als viele andere.
Doch in der Schule hieß es still sitzen, was sehr gewöhnungsbedürftig war.

Meine Mutter war den ganzen Tag arbeiten und ich wurde oft von
Fremden abgeholt, welche mir sagten dass ich mit ihnen mitkommen soll.
Es war mit meiner Mutter so ausgemacht.
Manche dieser Menschen kannte ich, manche aber auch nicht.
Rückwirkend betrachtet, hätte ich gut und leicht einem Verbrechen zum Opfer fallen können.

Größtes Problem für mich war, dass diese sogenannten Aufpasser,
sehr asozial waren. Es waren arme Großfamilien dabei, in denen nur die Sprache der Faust und Schimpfworte regierte.

Wenn ich bei meiner Tante zu Besuch war, hörten wir oft Musik.
Sie spielte mir immer ihre Lieblingsmusiker vor und ich lauschte
gebannt Musik teils aus längst vergangener aber auch aktueller Zeit.
Gerne hörte ich Mike Oldfield und Cat Stevens.
Oldfields Pictures in the dark mit Anita Hegerland hatte es mir äußerst angetan.
Lange Zeit später erfuhr ich dass Anita Hegerland genau die selbe Person
war welche als Kind mit Roy Black 'Schön ist es auf der Welt zu sein' geträllert hatte.

Tja so kann man sich täuschen, Musiker wie auch andere Künstler in Schubladen zu stecken.
Wurde ich doch mit Roy Black und andere Schlagersongs und
Musiker wie Peter Alexander aus dem Gitterbett in den Kindergarten begleitet.
Musik begleitet mich mein ganzes Leben, denn ohne Musik ist es nicht mehr lebenswert.
Eine Einstellung, die sich seit meinem Kind sein wie ein roter Faden durch meine Entwicklung zieht.
So unterschiedlich die Musik von Dekade zu Dekade sich verändert
So bleibt eines gleich.
Die Melodien.

Ich wurde einmal gefragt, ob ich lieber blind oder taub wäre.
Spontan antwortete ich
Natürlich blind, denn wenn ich taub wäre würde ich nicht mehr
leben wollen, ohne Musik.
Auf der anderen Seite, blind sein hat durchaus Vorteile, dann sieht man den gesamten Bullshit dieser Welt nicht.

Klar ist dass ich am liebsten weder blind noch taub sein will,
denn dies war nur eine Frage was man am ehesten verkraften könne.
Davon gibts ja reichlich Beispiele die einem im Leben gefragt werden.
Wie zum Beispiel: Was ist dir lieber, Rockmusik oder Schlager.
Oder, würde man sich für eine Million Schilling den kleinen Finger abhacken.
Es beruht auf der Tatsache das der Mensch für Geld vieles machen würde.

Trifft jedoch irgendwann der worst Case ein, ticken die
Gehirnzellen plötzlich ganz anders.

Doch im Unterschied zu der Musik der 1970er Jahre
fing die 80er
Dekade schon mal mit dem nahenden Ende einiger
70er Disco Größen an.

Das beste Beispiel, hörte man im Radio zwar noch
ABBA und Boney M. Doch in Wahrheit kündigte sich
vor allem bei der Kultband aus Schweden
das Ende an.
Neue Songs von Agnetha Björn Benny und Annefried
waren nur mehr ein Schatten vergangener Hits.
Sie konnten nicht mehr an alte Erfolge anknüpfen.
Bis schlussendlich die Trennung bekannt wurde.

Ewig Schade, denn die Musik mit der man so lange
aufwuchs, konnte nichts neues mehr liefern und starb
somit.

Ebenso schnell wie altes verschwand, kam plötzlich
komplett neues unbekanntes.

Als ich das erste Mal Grauzone mit Eisbär hörte, fühlte
sich dieser Sound etwas triest und kalt an.
So sollte es auch weiter gehen.
Die neue deutsche Welle nahte.
Abgesehen vom Ententanz der für uns Kinder damals
anfangs lustig war, gabs erstmal rauhe kalte Töne.
Hinzu gesellte sich ein bis dato recht Unbekannter.
Ein Hans Hölzel.
Dieser sollte jedoch der weiten Welt noch lange in
Erinnerung bleiben,
als Falco.
Ich muss ehrlicherweise zugeben, dass ich diese Musik
anfangs nicht sonderlich mochte.

Klar ich war ca. sechs Jahre alt und da kommen "mir fliegen gleich, die Löcher aus dem Käse", oder der Ententanz besser an.
Jedoch nicht auf anhaltender Basis. Denn die wirklich qualitativ guten Songs haben eine viel länger andauernde Wirkung, so dass
man diese auch nach 20 Jahren noch gerne hört.

Wie bereits erwähnt war meine Mutter erwerbstätig und so kam es
dass sie mir eines Tages ich war so etwa 8 Jahre, einen roten Wollfaden
gab an dessen Ende ein Schlüssel hing.
Dieser kam um meinen Hals und so war ich eines der vielen Schlüsselkinder.
Die Wolle war robust und so konnte ich nach der Schule in die Wohnung
wo ich meine Aufgaben verrichtete.
Geschirr abwaschen, Schulaufgaben erledigen und mit der Zeit kochte ich mir einfache Speisen.

Am liebsten aß ich Erdäpfel mit Butter und Salz.
Eine simple Speise und lecker wie auch sehr sättigend.
Heutzutage mehr oder weniger unbekannt, doch ist es seit jeher
so, dass althergebrachte Speisen wie auch die Mode immer wieder mal ein Revival erleben.

So wie zum Beispiel Flusskrebse oder der Hummer.
Einst in Hülle und Fülle billig vorhanden und heute doch wieder beliebt und sehr teuer.

Also ich war damals eines der vielen Schlüsselkinder der Freiheiten wie auch Einsamkeit erfuhr.

Durch Schul Hausaufgaben und Verpflichtungen im Haushalt, war Zeit mit Freunden rar.
Es wurde klar dass ich nicht mehr im Kindergarten war.

Damals waren unsere Klassenlehrer noch so richtige Autoritäten bei
denen man schon Angst bekam wenn diese mit mürrischen Blick den Raum betraten.

Mit einen „GUTEN MORGEN HERR LEEHREER...!!"
begann der Schultag.
Gut erzogen mit dem Sinn für das was sich gehört und was sich nicht gehört, lernten wir für das Leben.

Nicht für die Schule
Nein für das Leben
lernen wir.

Dieser Spruch verfolgte mich die gesamte Grundschule.
Nicht nur mich, er hämmerte sich ins kollektiv Gedächtnis meiner Generation welche noch Autoritäten und somit Respekt im Umgang mit dem Alter hatte.

Hausaufgaben waren nicht nur eine Pflicht, nein, vielmehr ein Gebot, denn zu oft wurde uns gesagt was passiert wenn man schlechte Noten schreibt, oder gar die Sonderschule besuchen musste.

Sonderschule war das Unwort schlechthin.
Sie war damals nur für Schwachsinnige und künftige Häfenbrüder ohne Eifer und Fleiß.
Das wollte niemand.

Leistungsdruck und Weitblick in die eigene Zukunft, das war Usus.

Obwohl wir, zugegeben, keinen blassen Dunst davon hatten, was wir beruflich werden wollten.
Und diejenigen die eine klare Vorstellung hatten, waren die ultimativen Streber. Und die mochte niemand.

Durch die Volksschule wandelte ich mit Musik von Depeche Mode und Hansi Dujmic wie auch ob man wollte oder nicht Modern Talking. Die Volksschule war damals die ultimative vor Schmiede für die Hauptschule mit Benotung welche man gerne wie im Wettbewerb mit Einsen beziehungsweise Zweien abschloss. Man bemühte sich um gute Noten und es war eine Freude zu lernen um zu sehen dass das gelernte auch mit Noten gewürdigt wurde.

Sogar der Sport war kein Leistungsdruck sondern Spaß um zu sehen dass man sportlich aktiv mit einem gesunden Geist in den gesunden Körper unterwegs war. Es wurde uns damals eingebläut
das Sport und Milch gut für den Körper und für den Geist sind. Während heute Sport und Leistungsdruck schlecht geredet werden. Milch zum Beispiel wird heute schlecht geredet zum einen mit der Message das Unverträglichkeiten entstehen welche früher nicht mal angesprochen wurden. Ich erinnere mich noch gerne an die Milch T-Shirts und den Werbeslogan Milch brings.

Um ein gutes Immunsystem aufzubauen war es damals üblich einfach nur im Dreck zu spielen je schmutziger man beim Spielen war umso gesünder lebte man.

Und siehe da wir waren kaum krank genauso wie die Impfungen sie waren Pflicht man wurde in der Schule gegen alles geimpft was gesetzlich vorgeschrieben war und niemand hat sich darüber aufgeregt eben so hat es soweit ich weiß niemanden geschadet.

1986 dann der Supergau Tschernobyl. Wir bekamen Jodtabletten um uns zu schützen. Für was genau wussten wir nicht wirklich wir hatten keinen blassen Dunst über Kernkraftwerke und deren Auswirkungen wir wussten nur so viel dass es sehr ernst und das

Kern Energie sehr schlecht ist da diese tödlich sei.
Vorher wussten wir das natürlich alles gar nicht .Wie
gesagt wir hatten keinen Dunst was eigentlich abging,
denn dafür hatten wir ganz andere Sorgen uns wurde
zwar gesagt wir dürfen nicht im Freien spielen keine
Milch trinken wo auch das erste Mal vorkam dass Milch
gefährlich sein kann aber nicht wegen
Unverträglichkeiten sondern eher da diese Radio- aktiv
verseucht sein könnte.

Uns wurde gesagt Gemüse und Obst aus dem Garten
zu meiden und wenn möglich nicht draußen im Freien
zu spielen.
Die Propaganda dass der Osten beziehungsweise die
Sowjetunion schlecht ist wurde damit weiter angeheizt
in der Zeit des kalten Krieges den wir so am Rande
mitbekommen haben in dem immer gesagt wurde der
Osten ist schlecht und der Westen ist gut.

Gut kann ich mich noch erinnern dass mein Opa jedes
Mal wenn die Zeit im Bild war, um Ruhe gebeten hat,
vehement sogar. Da für die Erwachsenen, die Politik
sehr wichtig war.

Mich persönlich interessierte es überhaupt nicht
logischerweise, da ich noch ein Kind war. Doch der
Namen Bruno Kreisky begleitet mich seit den siebziger
Jahren.
Was wir über den Bruno wussten hat gereicht um uns
ein Bild zu machen dass dieser Mann großes vollbracht
haben musste.

Es war einfach so dass er Volks nah war und das
kann man heute wirklich bei den Politikern suchen.

Auch das Kinderprogramm im TV war so, dass man
wusste wenn es Heidi oder Pinocchio spielte, hatte dies
alles eine Form von Moral mit der man lernen konnte.

Wir lasen Märchen von den Gebrüdern Grimm welche ebenso eine Form von Moral hatten.
Man lernte fürs Leben was man zu tun hat und was man lassen sollte.

Mediale Überforderung gab es nicht es gab keine Handys es gab keine Computer denn Computer waren teuer und wir waren eher so dass wir im Freien spielten mit Freunden und die Interaktion zwischen den Kindern führte dazu dass man sozialer wurde.

Wir waren die meiste Zeit draußen und wenn um 19:00 Uhr der rosarote Panther im Tv begann riefen uns unsere Eltern dass wir nach Hause kommen sollen.

Mode war für uns Kinder sehr relativ man zog an was man bekam.
Oft trug man die Wäsche des Nachbars Sohnes, wenn er diese nicht mehr benötigte.

Die achtziger Jahre waren musikalisch ein Tohuwabohu, alle Arten von Musik kamen vor, von Madonna über Modern Talking bis Bon Jovi und im Fine Young cannibals.

Was die Schule anbelangte war der Skikurs für mich das Allerschlimmste.
Erstens hasste ich die Ski Schuhe denn sie drückten, zweitens war es so das wir in sechs Gruppen eingeteilt wurden.

Die sechste Gruppe war für die Anfänger und die erste für die super Fortgeschrittenen.
Außerdem war ein gewisser Druck seitens der Lehrer da sie am liebsten gehabt hätten, das wir alle sehr gut Ski fahren hätten können, was bei den meisten nicht der Fall war, da wir eigentlich alle Flachländer waren, und nur die wenigsten konnten wirklich gut Schifahren.

Kurzum der reinste Horror, jedoch musste man auf den Skikurs mitfahren weil es seitens der Eltern schon den Druck gab, du musst mit, allein schon, weil die anderen auch mitfahren.

Fernsehen in den achtziger Jahren:

Als ich noch ein Kind war spielte es Dienstags immer Dallas mit dem berüchtigten JR Ewing. Ein Bösewicht vor dem Herrn. Man verpasst keine Folge, da das Fernsehprogramm damals noch sehr übersichtlich war.

Schon bei der Titel Melodie wusste man, jetzt geht's los.
JR Ewing mit seinem berühmten Lachen und sein Bruder Bobbi sowie Cliff Barnes & Sue Ellen   waren die Protagonisten dieser Serie.

Eine Folge pro Woche jeweils am Dienstag reichte aus um die Spannung für die nächste Folge aufrecht zu erhalten.

Dynastie der Denver-Clan war nur ein müder Abklatsch von Dallas trotzdem wurde es gern gesehen da es an Alternativen ohnehin fehlte.

Man sah was gesendet wurde denn man war nicht verwöhnt und gab sich mit dem zufrieden was es spielte.

Nachdem ich in meiner Kindheit mehrere Marvel Comics gelesen hatte mit Superman Spider-Man Batman und so weiter kam Mitte der achtziger Jahre ein ultimativer Superheld ins Fernsehprogramm nämlich Knight Rider mit dem super Fahrzeug KITT einen Trans Am der alle Stückerl spielte.

Aber ich denke mit der Begeisterung war ich nicht alleine denn auch meine ganzen Schulfreunde sahen regelmäßig Knight Rider im Fernsehen.

Es gab sogar Fanhefte für die man Aufkleber kaufen konnte diese sammeln um sie in die Fanhefte ein kleben konnte.

Diese gab es für Fußballmannschaften bei Europa Meisterschaften oder Weltmeisterschaften genauso wie für die Knight Rider Fanmappe.

Diese Mappen und Aufkleber waren natürlich schwer beliebt damals in den achtziger Jahren.

Und wer erinnert sich nicht an ALF die Fernsehserie über einen Außerirdischen der in der Garage der Familie Tanner landete.

In der Schule wurde jedes Mal wenn am Vorabend ein besonderer Film oder eine Show gewesen war darüber diskutiert und gesprochen was besonders toll daran war.
Wie gesagt da die Auswahl an Fernsehsendungen nicht besonders groß war hatte man einen gemeinsamen Nenner in der Schule was das Thema anbelangte.

Über die Idee was man später im Leben einmal arbeiten will wurde gar nicht so viel geredet denn heute war es Zahnarzt morgen Polizist und übermorgen war es vielleicht Astronaut.
Also man hatte als Kind keine klare Vorstellung.
Diejenigen die die Vorstellung hatten waren einzig und allein die Streber.

Einmal die Woche besorgte ich mir mein Lieblingsheftchen eine Ausgabe der Yps, mit den großartigen Gimmicks welche in jeder Ausgabe vorhanden waren. Von den Uhrzeitkrebsen bis zur Geldmaschine und zu den Zauberutensilien für den Magier von morgen.

Noch lange bevor ich mir Zigaretten kaufte war ich Stammgast in der Trafik.

Übrigens meine erste Zigarette rauchte oder besser gesagt probierte ich im Kanalsystem da uns hier niemand erwischen konnte. Wir waren als Kind so richtig kleine Schweindln.
Wir waren überall da wo es genug Dreck gab.

Wir waren experimentierfreudige kleine Biester.
Die Besuche bei Mutters Vater waren meist nicht gerade berauschend. Ein Glas Wasser, Betonung liegt auf ein Glas für circa acht Personen. Mein Großvater lebte eher in schäbigen Verhältnissen. Der Boden im Haus war aus Lehm. Mein Großvater hatte noch einen Bart ,
wie ein kleiner Diktator dem zweiten Weltkrieg. Das war sozusagen sein Markenzeichen .
Sein Charakter war nicht sehr viel anders. Er war ein kleiner Despot und scheuchte die Verwandtschaft hin und her wie es ihm beliebte.
Doch da dies damals der Normalfall war, war es für uns so ziemlich normal.
Die Autorität der Älteren war in unserem kollektiven Gedächtnis verankert.

Meine anderen Großeltern väterlicherseits hingegen waren besser situiert und die Intelligenz war viel ausgeprägter.
Wodurch die Auswahl zu welchen Großeltern ich fahren will mir nicht sonderlich schwer fiel.

Apropos Bart.
Während damals in den achtziger Jahren und vorher viele Männer mit diesen charakteristischen Bart rum liefen wäre dies heute ein Affront sondergleichen. Wahrscheinlich würde er im Knast landen. Und dies wegen einer unglücklich gewählten Gesichtsrasur.

Was die Gesundheit anbelangt war das Rauchen zwar schädlich das wusste jedermann, jedoch kannte jeder den Marlboro Mann denn Maverick Mann und viele andere die durch rauchen zu Männern wurden.

Doch in den Achtzigern waren wir weniger interessiert an Zigaretten oder wie wir zu richtigen Männern werden würden nein vielmehr gingen wir lieber ins Freibad und aßen Leberkäs Semmel oder ein knuspriges Cornetto.
Noch vor Zeiten des Magnum Eis's oder welche Eissorten es heutzutage auch immer gibt, meiner Meinung nach zu viel, war das Cornetto der Cadillac unter dem Eissorten.

10 Schilling reichten aus für Eintrittskarte und eine Semmel.
Umgerechnet auf den heutigen Euro kann man sich wohl kaum vorstellen dies mit 70 Cent zu schaffen.

Die Wurstsemmel war damals der Burger für alle.
Mit oder ohne Gurkerl, Extrawurst oder Kantwurst, die beliebtesten Sorten.

Mit Opa gab es immer Käsewurstsemmel beim KGM in Mistelbach.
Sowas wie ein wöchentliches Ritual beim Großeinkauf.

Frisuren der 80er
Was soll man dazu sagen?
Rückblickend betrachtet ist man immer klüger.

Haarspray war das Zauberwort und des Friseurs schärfste Waffe.
Föhnfrisuren Inclusive 2 Dosen Haarspray oder der fiese Vokuhila.
Ala Limahl oder Dieter Bohlen. Klar wenn die Stars diese Frisuren haben will man ebenso aussehen. Dies hat sich allerdings bis heute nicht geändert.
C.C. Catch, Sandra, Samantha Fox und viel zu viele hatten Frisuren welche rückblickend beängstigend wirken.
Aber Frisuren und Mode kommen und gehen. Wenn man es nicht anders kennt, macht man alles das was man kennt.
Gruppierungen waren selbst in der Hauptschule nicht an der Tagesordnung.
Außer die neuen Leistungsgruppen welche damals neu eingeführt wurden.
Jedoch in späteren Jahren sollte ich den Gruppenzwangs Wahnsinn noch kennen lernen.

Ende der 1980er kam ich nach Mistelbach in die Handelsschule, kurz Hasch.
Es war als würden wir langsam erwachsen.
Mit dem Schulbus nach Mistelbach, dann vom Hauptplatz rauf zum Bundesschulzentrum.
Ein für damalige Verhältnisse riesiges Gebäude mit mehreren Schultypen.
Von der Handelsakademie über der Handelsschule bis zum Bundesoberstufengymnasium kurz BORG.

Modisch waren immer noch Schulterpolster aktuell, die zum Beispiel Milli Vanilli so richtig heiss für die Damenwelt machten.

Die Ankunft im neuen Jahrzehnt 1990 war eher ein kleiner Schock.
Erstens war die Musik irgendwie ein seltsames Durcheinander.

Auf der einen Seite grooviges von Dee lite. Auf der anderen Sidney Youngblood mit If only i could. Dann der Kirchenchor welcher es in die Charts schaffte. Kurzum ein Mischmasch wie der damals beliebte Mallorca Sampler MaxMix.

Politisch gesehen das selbe in grün.
„Die Wende"
„Mauerfall"
Flüchtlinge und massenhaft Trabis und Ostblock Gefährte auf Österreichs Grenzstrassen.
In Mistelbach im nördlichen Weinviertel Niederösterreichs, war die Straße zubetoniert mit Miniatur Vehikel.

Ich dachte mir damals als 15 jähriger nicht viel, sie waren für uns die minderwertigen Ostblockler.
So sind wir aufgewachsen.
Die einzige Frage welche mir ständig im Gehirn herum schoss war nur,"woher haben die plötzlich soviel Geld für Kühlschränke und diverse elektronische Großgeräte?"
Nach einiger Zeit erfuhr ich, dass die Ostblock Menschen aus der Tschechei und Slowakei nix zum kaufen hatten und daher sparen mussten. Nun konnten sie, dank des Kapitalismus, Geld in den Rachen der Kapitalistischen Händler werfen.

Doch im Grunde war's mir egal. Viele meinten sowieso,"wirst sehen, in ein paar Jahren gehen die bankrott, die hatten ja keinen Schimmer was Kapitalismus bedeutet.
Andere wiederum befürchteten, dass die Ostblockler früher oder später auf unseren Arbeitsämter sitzen würden.
Ja alles was Vorteile hat, hat auch Schattenseiten.

Deutschlands Kanzler Kohl sprach von „grünen Wiesen."
Ich verstands nicht, nicht weil ich zu doof war, nein, sondern weil es mir damals sozusagen wurscht war.
Mit 15 hat man andere Probleme. Nicht erwachsen aber auch kein Kind mehr.
Oft hingen wir in Parks herum, schaukelten oder warteten auf Mädels die sich öfter hier rum trieben.

Als Kinder hatten wir wenigstens die Erlaubnis der Gesellschaft zum Beispiel den Hulahup Reifen über die Lenden zu balancieren. Oder Tempelhüpfen. Es war unbeschwerter. Doch wenn man mitten in der Pubertät täglich für die Erwachsenen Welt vorbereitet wird, in meinem Fall als Bürohengst, ist es in der Freizeit frustrierend von den Erwachsenen nicht für voll genommen zu werden.
In einer Welt, einer Zeit, in deren Smartphones Utopie war, traf man sich einfach meist zufällig oder zu einer bestimmten Zeit und es funktionierte einwandfrei.
Heute unvorstellbar.

Mit dem Eintritt in eine höher bildenden Schule und dem Aufenthalt in einer Bezirkshauptstadt wuchs auch der Markenzwang.
Ein Nebeneffekt den man in der Dorfschule so gut wie gar nicht kannte.
Während es früher völlig schnuppe war welche Hose oder welch T-Shirt man trug, wurde der Markenzwang in einem Alter von 15-19 recht zügig forciert.
Man war nicht dabei wenn man in den 1990ern nicht Levi's oder Nafnaf trug.
Doc Martens und Nike oder Reebok, das war das Non plus Ultra.

Ich trug damals liebend gerne schwarz. Alles schwarz und weit.

Figurmässig war ich ohnehin ein Zahnstocher, sodass bei mir alles schlabbrig wirkte.
Doc Martens, schwarze Levi's Jeans und lange Tshirts oder schlabber Pullover.
Dazu lange Haare und Metal Music.
Wobei ich auch gerne Bands wie NWA, Public Enemy und teilweise den damals aufblühenden Technobereich hörte.
Bands wie the Cure oder Ministry, Metallica oder the Mission dem Indie Bereich zuzuordnen.
Metallica mit dem legendären Black Album
lief ohnehin auf und ab.

Anfang der 1990er war dies bei mir Usus.
Nirvana mit Frontmann Kurt Cobain trieb die Abwechslung meines Musikgeschmackes auf die Spitze.

Während mit 14 oder 15 der Discobesuch nicht sonderlich berauschend war da man als Junior abgestempelt wurde, sah dies irrwitzigerweise mit 16, 17, ganz anders aus.
Man trank Bier und glühte vor, das beliebte Vorglühen bevor man sich ins Getümmel warf.
Heute kennen wir den Begriff unter Komasaufen.
Wir wussten, wenn es Zuviel wurde war die Klomuschel oder der Heckenhintergrund der beste Freund.
Nach gemächlicher Entleerung konnte es wieder weiter gehen.
Nicht selten feierten wir von Freitag bis Sonntag durch.
Und Montags ging es wieder ab in die Schule.

Das interessante am älter werden ist, dass man als Jugendlicher anscheinend die Weisheit mit der Baggerschaufel gefressen hat.
Denn den Sinn im Leben als 16 jähriger zu suchen, war für mich und meine Freunde nicht produktiv.

Oft dachten wir, reich muss man werden, berühmt und
wie unsere Vorbilder in einer Band.
Kurzum Geld durch Freude zu scheffeln.
Das war unser Ziel.
Und wahrhaftig, wir taten viel dafür, alles haben wir
versucht.
Rauchen, saufen, kiffen und Schule schwänzen.
Der unethische Begriff „Kraft durch Freude."
Bekam bei unserer Einstellung ganz neue Züge.

„Wenn ich mit 30 nicht reich und berühmt bin, häng ich
mich auf."
War ein oft benutzter Satz.

Wenn man dann auch noch wie ein Grufti herumläuft
steigert dies wohl kaum die Erfolgschancen.

Doch wussten wir schon, ohne schulische Leistung
kein Job.
Wobei mich weder Buchhaltung noch
Betriebswirtschaftslehre interessierte.
Ich wurde wie viele andere in diese Schule gesteckt.
Von Eltern und auf Anraten unserer Lehrer.
Mich hat niemand gefragt, ja 3 Monate in den
schulischen Räumlichkeiten der Handelsschule hatte
ich keinen blassen Dunst, um was es eigentlich geht.

Je länger ich diese Schule besuchte umso grösser
wurde meine Abneigung und Lust dorthin zu gehen.

Mein Traum war, mein eigener Plattenladen.
Langspielplatten zu verkaufen, während meine
Lieblingsmusik im Hintergrund läuft.
Das wäre der absolute Wahnsinn.

Damals konnte ich nicht wissen dass LP's ein
Auslaufmodel waren.

Am liebsten ging ich ins „Why Not" einem Plattenladen in einer Nebengasse der Mariahilferstrasse.
Coole Musik, Independent Labels und kiffende Verkäufer.
Für einen Jugendlichen der 90er Jahre das coolste überhaupt.
Klar nicht jeder Jugendliche damals hatte meine Einstellung zum Leben.
Oft wurde ich mit dem glatten Gegenteil konfrontiert.
Einige meiner Freundinnen waren Lehrerkinder oder Zöglinge reicher Eltern.
Dort lag der Hauptfokus im Lernen, anständig sein und Vernunft.
Keine Ahnung wie die ihren Spaß fanden, aber ich merkte schnell dass mich ihre Eltern nicht mochten.
Noch dazu wenn deine Eltern mehr oder weniger nur Hilfsarbeiter waren.
Ergo hielten die mich auch für einen künftigen Berufs Versager.
Subjektivität anderer begleitete mich durch diese Zeit.

Im Jahr 1992 kamen wir in den Genuss mobil zu sein.
Mein bester Kumpel wurde stolzer Besitzer des Führerscheines Kategorie B.
Wir hatten unseren Chauffeur, und schon ging die Streiterei um den Beifahrersitz los.
Mir war es zwar egal aber es hat Vorteile wenn der Fahrer dein bester Kumpel ist.

Mit der Mobilität gingen auch die raschen Ortswechsel los.
Distanzen erweiterten sich, Mädels waren überall ansprechbar, was unseren Freiheitsdrang sehr entgegen kam.

Die Hosentaschen gefüllt mit Schillingscheinen unserer Identitäts Währung und dem Kopf mit Wein und Bier vorgeglüht konnte es los ins Abenteuer Erwachsen werden gehen.

Was das Erwachsen werden anbelangt war natürlich das Thema Sex und AIDS.
Damals ein riesen Thema. Das Kondom durfte in keinem Geldbörserl fehlen.
Es war wie der erste Hilfe Kasten fürs Feiern Saufen und Lieben.
Geld, Kondome und Fotos seiner Angebeteten.
Je mehr Fotos, meist waren es Passfotos im Börserl desto größer war das Ansehen unter den Freunden.

Politisch war das große Thema, der Beitritt in die Europäische Gemeinschaft kurz EG.
Doch was dies für Auswirkungen auf unser täglich Leben in noch ferner und doch so naher Zukunft haben würde, ging uns damals eigentlich am Anus vorbei.

Angesagt war sich beim Chinesen treffen, Metallica und Red Hot Chili Peppers hören, Haare lang und Bier wie Wein bevor der eigentliche Spaß des Feierns los ging.
Es war eine unbeschwerte Zeit, wo an die Zukunft zu denken nicht angebracht war.
Diskotheken hatten Hochsaison und Festln besuchten wir vom hören sagen oder primitiven Flyern.

Mit 300 Schilling kamen wir locker durch jedes Wochenende, was umgerechnet 20€ waren.
Heute kaum vorstellbar mit 20€ traut man sich doch kaum aus dem Haus.

Der Krieg im ehemaligen Jugoslawien bescherte uns in den 1990ern eine Flüchtlingswelle welche auch wir Jugendlichen massiv bemerkten.
Urplötzlich gab es in meinem Freundeskreis einige

Bosnier, Kroaten und Serben.
Doch nach einiger Zeit des misstrauischen
Beschnupperns fand man einen gemeinsamen Weg
und durchaus Freunde.
Freunde mit denen man feierte und einiges herausfand.
Zu allererst natürlich, weil es in der Natur der
Menschen liegt, Schimpfworte auf Serbisch.
Diese Wörter vergisst du nie!
Unvergesslich war die Musik dieser Zeit.
Es war wohl das Jahrzehnt mit der sich im Laufe der
Jahre entwickelten besten Musik.
Wenn zb. Haddaway „What is Love" trällerte oder Dr.
Alban „It's My live" war spätestens nach Snap „ Rythm
is a dancer" die Menge am Grölen und Tanzen.
Tanzen, tja eher irgendwelche Verrenkungen damit es
tänzerisch aussah.
Im Grunde genommen war es egal, Hauptsache wir
hatten Spaß.

Die 1990er waren Rückblickend gesehen ein Mix aus
den 70ern und den Anfängen der 80er.
Glockenhosen waren „in", genauso wie die neue
deutsche Welle.
Musik der 80er mit Songs von Peter Schilling, Falco
und vielen anderen.
Manche wurden Remixed, bei anderen eroberte das
Original wieder die Charts.

Unerfreuliche Ereignisse auf regionaler Ebene, war für
mich der Konkurs unseres ehemaligen
Einkaufstempels „KGM" oder Konsum. Es war sehr
unwirklich dass gerade der so florierende Handel in
Mistelbach dicht machte.
Seit ich ein Knirps war, war KGM für mich neben dem
Hofer Diskounter die Einkaufsstätte #1.
Dem ganzen lag ein Management Skandal zugrunde,
was es richtig ärgerlich machte.

Als anschließend statt des KGM's ein Merkur Markt eröffnete war ich etwas sauer, und aus nostalgischen Gründen vermied ich es dort einzukaufen.

Aber wie es im Leben und mit der Neugier so ist, fand man sich trotzdem damit ab und kaufte nun bei Merkur.

Da wir ja inzwischen alle mobil waren und einen fahrbaren Untersatz besaßen, befand man sich schnell in Wien. Entweder wir machten den Wurstelprater unsicher oder den Schwedenplatz.
Freiheit in der Entscheidung wohin uns der Weg oder die Straße führte.

Mein erster fahrbarer Untersatz war eine wahre Rarität.
Ein Citroën LNA.
Welcher so selten war, dass als ich ein neues Gas Seil brauchte der Citroën Händler keinen blassen Dunst hatte was ein LNA ist.
Kurios jedoch für mich nicht sehr amüsant.

Ein Freund aus Volksschultagen besaß einen uralt VW Käfer. Das war eine Ansage. Den hatten damals nicht mehr viele. Heute ist er als Neuauflage besser bekannt als Beetle. Der gute alte Käfer hatte den Motor noch hinten und er war Luftgekühlt.
Meine Oma fuhr einen VW-Käfer über 20 Jahre lang. Und er funktionierte sogar noch einwandfrei als ihn meine Tante übernahm.
Unvorstellbar bei den heutigen Autos, welche hauptsächlich über Software funktionieren.
Der letzte Opel welcher damals der Dauerbrenner war, der Calibra.
Er war ein sportlicher Flitzer, der noch was her machte. Denn mit der Astra Reihe ging es steil bergab auf der Beliebtheitsskala.
Ein Kumpel von mir war stolzer Besitzer eines Opel Manta's. Das Kultobjekt schlechthin.

Retro war angesagt.
Mit „Wicky-Slime und Piper, kam die Retrowelle so richtig ins Laufen.
Wicky, der Zeichentrick Held aus unserer frühen Kindheit.
Slime-eine schleimige Masse zum Spielen und Piper, einer Eissorte welche aus einem Stiel und ner Röhre bestand in der sich die Eismasse befand.
Piper tropfte zwar schnell aber es war wieder dieses Kindheitsgefühl mit den dazugehörigen Erinnerungen wachgerüttelt.

In einer Epoche, in der man mit Bangen dem Millennium entgegen sah.
Einige meinten, der Untergang stehe bevor.
Andere wiederum sahen dem mit neuer Hoffnung entgegen.
Ich war so etwa 20 Jahre alt, sah man im Tv, ob es ORF 1 oder ORF 2 war, nichts anderes als EU-Beitrittsverhandlungen und wie nötig wir den Beitritt nicht doch hätten.

Wenn es den Kaisermühlen Blues, eine TV-Serie, nicht gegeben hätte, wäre man möglicherweise komplett übergeschnappt.
Diese kabarettistische Spiegelung der Gesellschaft und der Politik war wohltuend für Gemüt und als Abwechslung gelungen.

Gemeinsam statt einsam, der Werbeslogan für einen Beitritt in die EU.
Alleine schon dass man dafür eine Werbung schalten musste machte mich damals schon stutzig.
Dann diese wundersamen Versprechungen, wie der Ederer Tausender und dass der Schilling bleibt.

Heute wissen wir, dass wir damals schon verkauft
wurden und unserer Meinung beraubt.
Denn wenn zuerst verhandelt wird und anschließend
gewählt, kann man sich den Rest ja denken.

Nun denn. Sei es wie es sei.

Während man in Österreich im April 1994 um den
Formel 1 Fahrer Roland Ratzenberger der in Imola
beim Qualifying tödlich verunglückte, trauerte. Kam es
nur einen Tag später zum Unvorstellbaren.
Ayrton Senna da Silva, 3 facher Formel 1 Weltmeister
und erfolgreichste Fahrer seiner Zeit, krachte in der
Tamburello Kurve geradeaus in die Mauer und starb im
Spital in Bologna Stunden später.

Da Roland Ratzenberger noch recht unbekannt war,
und obwohl er gleich alt wie Senna, nur ein Rennen
fuhr, lag die komplette Konzentration der
Berichterstattung auf den 3 fachen Weltmeister.

1994 war überhaupt ein Jahr das Schatten warf.
Anfang des Jahres verunglückte die österreichische
Skifahrerin Ulrike Maier und am 5. April brach für
unzählige Jugendliche und Fans der Grunge Metal
Band Nirvana eine Welt ein.

Kurt Donald Cobain nahm sich laut offiziellen Berichten
in seinem Haus mit einem Schrottgewehr das Leben.

Suizide einiger Fans folgten.
Was einem schon betrüblich stimmt.

Grunge, war einfach die Musik unserer Generation, von
Nirvana, über Melvins und Soundgarden.
Man kam kaum daran vorbei.
Nach Gun's n Roses und Def Leppard, Trash ala
Metallica war die Zeit reif für Grunge.

Auf einer Durchschnittlichen Party der 90er liefen auf jeden Fall Bands wie, Sex Pistols, Nirvana, Paradise Lost, Metallica, EMF, und Offspring.

Ein Party Bier kostete 10 Schilling, gefeiert wurde in irgendeinem Weinkeller, Musik und vielleicht ein Stempel auf dem Handrücken.
Aber was ich persönlich am besten fand, war die Rückkehr des FruFru's im Glas.
Wer es nicht mehr kennt, es war damals noch Frufru mit Sauerrahm und Frucht am Boden.
Heute ist es nur mehr ein müder Abklatsch in Form von Sauermilch mit Frucht.
Keine Ahnung warum alles was einmal gut war, geändert werden musste.

Zum Beispiel Raider: was war falsch diese mit Karamell und Schokolade überzogenen Kekse von Raider in Twix umzubenennen.
Ich verstehe es nicht.
Raider!
Dieser Name hatte Flair und Rasse.
Twix hingegen......keine Ahnung klingt irgendwie naja um es salopp auszudrücken, scheisse.

Fru Fru wie früher kriegst heute nur noch beim Hofer unter dem Namen FriFru.
Es ist zum Schießen.
Fri Fru stichfest. Was früher normal im Handel war und wirklich jeder kannte, muss heute hingewiesen werden dass stichfest Sauerrahm bedeutet.
Oder wer kann sich noch an Banjo erinnern?

Banjo war ein Schokoladenriegel des US-amerikanischen Nahrungsmittelkonzerns *Mars Incorporated* und wurde von der Tochtergesellschaft *Master Foods* mit Sitz in Breitenbrunn am Neusiedler See (Österreich) produziert. Der Riegel bestand aus einer Waffel mit zermahlenen Haselnussstückchen, umhüllt von Milchschokoladencreme.

In den 80er Jahren kannte dieses megaleckere Stückchen aus dem Knusper-Schokoladenhimmel beinahe jeder.

Und urplötzlich war das Banjo weg.
Nicht von heute auf morgen, nein alles verschwand schleichend.
Mir unbegreiflich.

Genauso Fanfare.
Kaum kamen die Deutschen Waren, wie Dickmanns oder Amicelli in den Handel, waren Fanfare und Schwedenbomben von Niemetz entweder verschwunden oder sie wurden sauteuer.

Man bekam echt dass Gefühl als wolle man unsere Naschhelden aus der Kindheit eliminieren und unterwandern mit Waren die die Welt nicht braucht.
Zum Beispiel, wer braucht Milka Schokolade mit Smarties, ähm wer zur Hölle braucht das.
Was man alles mit Schokolade mischen kann sieht man ja, wenn man in einen Supermarkt geht.
Man möge es kaum für wahr halten was da alles geht.'unglaublich'

Erinnert mich etwas an X-Faktor mit Jonathan Frakes.
Unglaubliche Geschichten und das beste ist, sie entscheiden ob wahr oder nicht.
Denn ob diese fragwürdigen Geschichten ala Tales from the crypt wirklich einen Wahrheitsgehalt hatten, konnte man sich aus den Zehen saugen.
Nun ja, unterhaltsam waren sie allemal.

Sonntags war X-Faktor Time, ich saß auf der Couch und sah diese Serie in der Dauerschleife.

Lange nach 21 Jump Street mit Johnny Depp und
Booker mit Richard Grieco, liefen Mystery-Serien wie
Akte X mit Mulder und Scully.
2 FBI Agents die mit Spookie Mulder zu wahrhaft
unglaublichen Abenteuern wurden mit dem starken
Hang zum extraterrestrischen
ET, ließ grüßen.

Und dass Millennium rückte immer näher.
Je näher die Jahre an die Doppelnull rückte umso
häufiger wurden Zeitungsberichte von sogenannten
Hellsehern und Zukunftsprognosen.
Gute wie auch sehr düstere.
Eine welche sich penetrant hielt war, dass die
Computer und Internet Systeme crashen würden.
Ob man daran glaubte oder nicht, war man doch sehr
gespannt.
Nostradamus war in aller Munde.
Seine Vorraussagen waren nicht mal eben von
Zuversicht geprägt.
Was viele dazu brachte ihre Konten zu räumen und
Pessimismus als Lebenseinstellung zu kreieren um
nachher sagen zu können" ich hab's doch gesagt."
Dass dies weder Einstellung noch Lösung war wurde
spätestens am 1.1.2000 bewusst.

Eilmeldung::::
Soeben hab ich in der Zeitung gelesen, dass Vokuhila
im Jahr 2019 wieder modern ist.
Was zur Hölle graben die noch aus.

Im Jahrzehnt der mittleren 1980er lief jeder mit dieser
Frisette herum.
Ich ging damals zum Friseur meines Vertrauens und
als es zur Frage nach der Frisur ging hatte ich immer
alles im Sinn nur nicht das Ergebniss dass laut meiner
Friseurin raus kam.
Denn das Ergebnis war immer -Vorne kurz, hinten
lang-.

Auch wenn in meiner Klasse alle mit dieser haarigen
Verunstaltung herumliefen, weil es ja modern war.
Ich gewöhnte mich nie daran.

Vokuhila und nen dicken Schnautzer eine in Österreich
genannte Rotzbremse oder Pornobalken und man war
der ultimative Disko-Checker.
Hiermit muss ich ehrlich zugeben dass ich bis gestern
nicht wusste was Vokuhila in Wirklichkeit bedeutete.
Meine Frau sagte mir, hämisch lachend," na, Vorne
kurz hinten lang."
Ehrlich ich habe es nie hinterfragt.
Peinliche Betroffenheit steht mir ins Gesicht, aber
ehrlich es gibt weitaus wichtigeres im Leben zu
hinterfragen als die Philosophie der peinlichsten Frisur
aller Zeiten.

Im TV sah ich Anfang der 90er den Zilk Helmut mit
zerfetzter Hand und dachte was ist nun los.
Plötzlich hieß es im Nachbardorf gab es auf der Post
eine Briefbombe.
Sie detonierte.
Schnurstracks fuhr ich nach Poysdorf wo ich bereits
von weiten Polizei und Rettungskräfte sah.
Alles war abgesperrt.
Was war los?
Terroranschläge?
Das Thema Franz Fuchs schlug seine Kapitel auf.
Der Wiener Bürgermeister von damals Helmut Zilk war
das wohl prominenteste Opfer des Briefbomben
Attentäters Fuchs.
Der zahlreiche Briefbomben verschickte, doch die
Hinweise wie man diese erkennen konnte, schafften es
dass nicht alle hochgingen.

Andere Verbrechen waren sicherlich an der
Tagesordnung der Polizei und Medien.

Doch einer schaffte es ganz hoch in das Ranking der meistgesuchten Verbrecher des Landes.
Jack Unterweger.
Er wurde 1974 nach dem Mord an einer jungen Frau zu Lebenslangem Zuchthaus verurteilt.
Nun soweit so gut.
Der Typ war weggesperrt.
Hätte Johann Unterweger wie er mit bürgerlichen Namen hieß nicht eine Schriftsteller Karriere eingeschlagen.
Der Mörder von gestern schrieb später sogar einige Geschichten der Hörbuchreihe „Das Traummännlein kommt" was jeder aus dem Radio kannte.
Unterweger schrieb seine Geschichte „Fegefeuer, oder meine Reise ins Zuchthaus „

Sofort fand sich die 68er Generation zusammen und forderte seine vorzeitige Freilassung aus dem Gefängnis in Stein.

Nun denn
Endeffekt war, dass Johann Unterweger
1990 vorzeitig aus der Haft entlassen wurde.
Gründe dafür waren:

Von der damaligen österreichischen Kulturszene wurde Unterweger daraufhin als Paradebeispiel für eine geglückte Resozialisierung präsentiert. Es folgten Petitionen zahlreicher Intellektueller (unter anderen Ernest Borneman, Milo Dor, Erich Fried, Barbara Frischmuth, Ernst Jandl, Peter Huemer, Elfriede Jelinek, Günther Nenning, Günter Grass und Erika Pluhar.

Von nun an war er als Häfenliterat in namhaften Sendungen, Veranstaltungen und Diskussionsrunden herzlichst eingeladen.

Doch mutmaßlich ermordete er bis zu seiner Verurteilung 1994 weitere Prostituierte nicht nur hierzulande, sondern auch in Tschechien und Los Angeles.

Wie gespannt damals die Situation am Straßenstrich war erfuhren ich und mein Kumpel, 1992 als wir vollgesoffen eine Prostituierte am Straßenstrich beim Wiener Prater ansprachen.
Am Rücksitz erblickte ich 2 Dobermänner und die Sprachwahl war erheblich angespannt.
Wodurch wir mit unseren 18 Lenzen schnurstracks von dannen zogen.

Dieser Mann schaffte es sich selbst zu verteidigen und mit einem bravurösen Plädoyer die Massen zu manipulieren.
Ja, er schaffte es sogar eine heute „namhafte" Rechtsanwältin zu manipulieren.
Doch das half alles nichts, eine Faser überführte ihn und er bekam wieder lebenslänglich, nicht rechtskräftig.
Doch sein Tod schaffte alle Zweifel hinfort.
Denn, der Strick den er sich band, war genau jener ‚in seiner Technik und Machens Art, mit denen die Opfer erdrosselt wurden.

Doch auch Comebacks gab es, vor allem in der Musikindustrie.
TMA ein Pseudonym mit dem Titel<Mutter der Mann mit dem Koks ist da>
Kennt sicher jeder der damals lebte.
Dahinter verbarg sich niemand Geringerer als Hans Hölzel alias Falco.
Ein kleiner Funkenflug, oder war der Falke wieder im Kommen?
Ich hab es ihm vergönnt.

Zum einen war ich spätestens seit Nachtflug ein Fan, zum anderen hat er es trotz aller Allüren immerhin zur Nummer 1 in den USA Charts gebracht.

Und dass diese gesamte Präpotenz, Taktik war wurde auch mir bewusst.
Aber bei ihm schieden sich die Geister.
Für die Einen war er der Star, für die Anderen ein absolutes Brechmittel.
Jedenfalls machte er einen Teil der 1990er etwas bunter.

Entgegen aller Meinungen anderer war ich eher einer der sich auch in seinen schlechteren Zeiten seine Platten kaufte.
Zum Beispiel fand ich Titanic und Wiener Blut wirklich gut und gelungen.
Was ich bis heute nicht verstehe ist dass er ausgerechnet mit Rock me Amadeus soviel Erfolge feierte.
Denn ich fand und finde diesen heute noch als einen seiner schlechtesten.
In den 80ern wurde sein und das Leben seiner Frau und vermeintlichen Tochter breit in die Öffentlichkeit getragen.
Vermutlich ein Fehler.
Aber nachher ist man immer klüger.
Wie auch immer, im Februar 1998, Ich befand mich gerade im Fitnessstudio und machte zwischen 2 Sätzen an der Hantelbank eine Pause, als im Radio die Meldung über Hans Hölzels Tod in der Domrep. veröffentlicht wurde.
Ich war im ersten Moment paralysiert.
„Ein Falco stirbt nicht!" War mein erster Gedanke.
Doch Fake News gab es damals noch nicht und erster April war auch nicht.
Es lief im Radio den ganzen Tag diese Meldung und Musik von Falco.

Ein halbes Jahr nach Lady Dianas Tod die nächste
Schlagzeile die Menschen nicht nur in Österreich
weinen ließ.

Auch das waren die 90er.

Falcos letzter Song welcher wie auch das Album „Out
of the Dark" hieß, kam posthum in die Charts.
Hätte er doch noch erlebt dass er nochmals #1 in
sämtlichen Charts werden würde.
Aber er hatte es schon zu Lebzeiten gesagt:"
Sie werden mich erst wieder ganz lieb haben, wenn ich
ganz tot bin!"
Wie recht er doch damit hatte.

<<
Ende der 1990er ging der Trend immer mehr Richtung
Mobiltelefon.
Diese klobigen Dinger, schon Handys zu nennen wäre
wohl etwas zu früh gewesen.
Ich wollte diese Protzdinger nicht haben, ja ich wehrte
mich gegen diese Riesen Handyverschnitte.
Man konnte ja nicht ahnen wie essenziell die mal für
die Gesellschaft werden würden.
Einige meiner Freunde und Bekannten besaßen bereits
„Mobilknochen" wie ich sie nannte.
Doch für mich hatten sie keine Zukunft .
Es musste doch reichen wenn man einen Festnetz
Anschluss hatte.
Außerdem gab es reichlich Telefonzellen.
Früher ging es ohne also sollte es für mich auch in
Zukunft ohne gehen.
Tja, ich hatte wohl die Rechnung ohne der Zukunft
gemacht.

Ebenso dieses neuartige Internet.

Es war mir ein Mirakel.
Ich musste in mehreren Dimensionen denken.
Doch als wir dieses Modem eingebaut bekamen und
der Internetanschluss mal eingeleitet war, wurde ich
nach anfänglichem Unverständnis, dann doch noch
zum Netz Junkie.

Messenger wie ICQ hatten es mir besonders angetan.
Chatten kannte ich nur aus Zeitschriften oder von
Freunden.
Musik runterladen, für mich revolutionär.
Auch wenn man für einen 3 Minuten Song manchmal 2
Stunden warten musste.
Ich kannte es nicht schneller.

Mein erstes Handy war ein Nokia 5160.
Ein echt klobiger Kolben den ich Anfangs noch in
meine Hosentasche zwängte.
Als ich jedoch merkte dass ich wie ein Triebtäter damit
aussah mit dieser Riesen Wölbung in der Hose,
besorgte ich mir Cargo Hosen mit Beintaschen.
Dies sah doch sehr viel zivilisierter aus.
Mit der Zeit gewöhnte ich mich daran dass es hie und
da aus meiner Hose bimmelte.

Wo es noch bimmelte war nach der Wahl, bei jener die
als rechte Neo-Eh scho wissen....?! oft verleumdete
FPÖ, so viel Stimmen bekamen wie noch nie und ab da
hieß es ab in die Regierungsbildung.
Jörg Haider, vom ‚Profil' für gute Auflagen gerne als
Interview Partner und Zeitungsaufmacher geholt.
Vom Rest Europas verteufelt.
Als ich sah dass die Regierung zur Angelobung
unterirdisch gehen musste, dachte ich „gehts noch?"
Ich will hier nicht politisieren aber mit vielem hatte der
Jörg schon recht.

Denn die absolute Macht im Staate hatten bis dato immer diese vom Bruno Kreisky zehrenden Pseudosozis und die schwarzen also ÖVP.
Wenn man diesem Trauerspiel zusah dachte man man sei im tiefsten Absurdistan, denn das Volk hat gewählt und die üblichen linken Chaoten hatten mal wieder nichts besseres zu tun als zu demonstrieren.
Ich habe noch nie etwas von Berufsdemonstranten gehalten und ich werde es auch nie.
Diese Chaosrotzpipn wissen ja gar nicht was dies dem Steuerzahler Österreichs kostet.
Phaaaaaa.......
Muss mich zügeln, sonst gehen noch die Gäule durch.

Jedenfalls bezweifelte ich damals echt dass ich in einer Demokratie lebte.
Denn von dieser Demokratie blieb dank linker Fahnenwachler nur mehr die Demo übrig.

Nun die Regierung stand, und der bekannte Blick von Wolfgang Schüssel und Jörg Haider aus dem Porsche versprach Einigkeit.

Doch auch das Thema Währungsänderung stand ins Land.
???wie hieß es doch?!?!
„Der Schilling bleibt sicher!!!"
Spätestens als ich die erste Euro Währungs Werbung im TV sah erahnte ich nix gutes.
Nein erst schüttelte ich ungläubig den Kopf vermischt mit verkrampftem Lacher.
Das muss man sich doch mal auf dem Züngerl zergehen lassen-Werbung für eine europäische Einheitswährung?!
Im Fernsehen als beinahe Dauerschleife.

Wehmut und Hass wechselnden sich ab.

Denn bis zu diesem Zeitpunkt kannte ich nur den Schilling, und er war ein Guter.

Unsere Währung, unsere Identität und der beste Freund.

Unzerstörbar und waschfest.

Zerrissen?

Egal, Tixo drauf und e voila wieder im Zahlungsumlauf.

Zerknüllt und eingerissen genauso gut wie gebügelt.

Wir bestellten Kleidung beim Universal mit Post Bestellkarte. 5 Schilling Marke drauf und fertig.

Der Eismann wurde damit bezahlt genauso wie der Mann vom Donauland.

Tupperparties waren ohne dem guten Hunderter wie auch dem Fuffi nur die Hälfte wert.

120 Schilling Stempelmarken, wie auch Strafzettel.

Die 10 Schilling pro Liter Tankfüllung wie auch die 23 Schilling Hobby Extra Ziggis.

Die 5 Schilling Extrawurst Semmel vor der Schule, oder die 10 Groschen Brausetabletten beim Bäcker.

Die 115 Schilling auf meinem Sumsi Sparbuch, welches ich mit 8 Lebensjahren von der Schule bekam, für Ausflüge und Skikurse.

Wofür ich jeden 31. Oktober zur Sparkasse ging pünktlich zum rituellen Weltspartag um mir mit einer Einzahlung mein Geschenk von der netten Dame hinter dem Schalter zu holen.

Egal ob es ein Schlüsselanhänger oder ein Rasierapparat gewesen wäre, wichtig war nur, an diesen Tag bekamst du etwas.

Was war egal.

Unser Schilling mit dem wir unzählige Biere geleert und Mitternachts Toasts bezahlt haben.

Mit dem wir in meiner ersten WG die Nahrungsmittel wie Dosenbier bezahlten.

Mit dem ich hunderte von Langspielplatten Singles und CD's gekauft habe.

Unzählige Zehn Schilling Münzen die ich im
Kaffeehaus in Automaten wie auch in den Billardtisch
geworfen habe.
Und von den Unsummen an Schillinge die ich für
Kondome blechte gar nicht zu sprechen.
Schilling für Dreh und Trink. Schü gegen Bravo Hefterl.
Schilling gegen Videokassetten.
Mit den Schillingen die ich für Yps Hefterl ausgab hätte
ich Auto's auftanken können.

Geldbörserl, brauchten wir nicht.
Warum?
Weil der Lappen, egal ob grün oder blau unkaputtbar
war.
Gesammelte Schillingmünzen im Marmeladenglas.
Ab zur Bank in einem Plastiksackerl und die
Überraschung war groß wenn man mit mehreren
grünen Scheinen am Abend wieder flüssig war.
Wer auf den Scheinen drauf abgebildet war wusste
jedes Kind.

Am Alten Tausender war Bertha von Suttner
abgebildet, danach der Schrödinger.
Auf dem neuen Karl Landsteiner jedoch im Gedächtnis
blieb eher die Bertha und der Schrödinger.
Der Fünfziger war der Psycho mitn Sigi Freud drauf.
Auf dem Zwanziger war der Daffinger und der 5
Tausender war mit Mozart verziert.

Was wäre der Besuch am Würstelstand ohne dem
Schilling gewesen.
Kein im Geldbörserl kramen, nein man hatte alles
schön zerknüllt in der Hosentasche.

Was habe ich nach Stadtfesten an Schillingmünzen
und manchmal auch 20 Schilling Scheine gefunden.
Damals lag das Geld noch auf der Straße.

Den Tausender den ich von Oma jährlich zum Geburtstag bekam.
Ein kleines Vermögen.
Die vielen Münzen die ich zahlreichen Obdachlosen gab. Weil man nicht die Brieftasche öffnen musste.
Außerdem waren 10 Schilling nicht sonderlich viel Geld, aber man bekam einiges dafür.
Die 3000 Schilling welche ich in meiner Lehre monatlich verdiente.
Wovon ich mir 1500 Schilling monatlich für den Führerschein beiseite legte.
Unzählige Schilling welche ich im Fitnessstudios für Proteinshakes rappte.
All das sollte nun zu Ende sein?
Niemals würde ich eine neue noch dazu künstliche einheitliche Konserven Währung akzeptieren.
Und wahrhaftig, ich hasse den Euro genauso wie am ersten Tag.

Der Schilling war bis 28. Februar 2002 das offizielle Zahlungsmittel in Österreich und wurde dann von der Gemeinschaftswährung Euro abgelöst. Der Umrechnungskurs beträgt 13,7603 – ein Euro sind also 13,7603 Schilling. Viele Menschen haben beklagt, dass mit diesem Umrechnungskurs viele Produkte auch teurer geworden sind.

Kurzum
Das Thema Europäische Gemeinschaft war allgegenwärtig.
Ich hatte jedoch von Anfang an das Gefühl dass wir verkauft und verraten wurden.
Auch sowas wie YouTube gab es noch nicht, wo man sich Meinungen anderer und Dokus ansehen konnten.

Sylvester 99/00:

Wir hatten nichts sonderliches geplant.
Im Radio auf Ö3 liefen die besten Hits des
Jahrtausends (ein bisschen hochgegriffen) aber ja.
Ich hatte eigentlich einen stillen Rutsch ins neue
Jahrtausend geplant.
Da es für mich ein Jahreswechsel wie jeder Andere
war.
Nun ja im Endeffekt fuhren meine damalige Freundin
und ich auf den höchsten Punkt in der Gegend und
bewunderten das Millenniums Feuerwerk.
Es war wirklich beeindruckend die Pyrotechnische
Leistung mehrerer Städte und Dörfer gleichzeitig zu
genießen.

Doch die eigentliche Erkenntnis war, das Millennium
war nicht der Weltuntergang.
Am 1.1.2000 wurden die Menschen welche schliefen
genauso wieder wach, als am 31.12.1999.

Kein Meteroid, kein Zusammenbruch der Wirtschaft
aufgrund Computerversagen.
Nix.

Der Musiksektor war geprägt von Comebacks.
Nena mit Kim Wilde trällerten ihre 80er Songs.
„Irgendwie irgendwo irgendwann"
Madonna coverte ABBA.
Es fühlte sich an als kämen alle 80er Ikonen wieder ins
Rampenlicht .
Die Umstellung unserer Währung begann schleichend.
Viele wehrten sich dagegen, so auch ich, bis zuletzt,
doch es wurde schnell klar dass es dagegen keine
Chance gab.

Ich ging damals immer durch die Geschäfte und da die
Produkte immer in Euro und Schilling angepriesen
wurden, und verglich ob es teurer wurde.
Interessanterweise war es anfangs so war dass eher
abgerundet wurde.

Kaum war die doppelte Preisangabe weg, konnte ich sukzessive beobachten wie vieles vor allem der Treibstoff teurer wurde.
Im Laufe der Jahre rechnete ich immer noch in Schilling um und das Ergebnis war und ist heute noch zermürbend.

Soviel zu all den leeren Versprechungen nix als schlechte Luft, alles was unsere lieben Politiker redeten.
Das sorgte nicht nur bei mir für schlechtes Klima.
Apropos Klima.
Wohl kaum einer kommt heute am Thema Klimaschutz vorbei.
Wobei schon das Wort Klimaschutz paradox und sinnlos ist.
Wenn wir wem schützen sollten dann den Menschen.
Also Menschenschutz vor dem Klima?!
Wie auch immer.

Während in den 70ern noch alle gegen Zwentendorf demonstriert haben, was auch gut und richtig war, sagte man uns, der Wald stirbt.
Da es in meiner Kindheit genug Wälder gab, viele Bäume gepflanzt wurden, begann man Wien zu modernisieren in dem man alles zubetonierte.
Beton war in Wien der neue Kinderspielplatz.
Im Käfig wurde Fußball gespielt und aus grau und alt wurde bunt und lustig.
Aber immer mit einem ordentlichen Betonmischer in der Nähe.
Klar gab es auch wie bei uns, Gras und Sandkisten, jedoch wurden die eher von Hunden als Kackkiste benutzt.

In den 80ern warnte man uns vor dem sauren Regen.
Wie ich mir dies in meiner kindlichen Naivität vorstellte sei dahingestellt.

Nach Tschernobyl war der Regen dann wie prophezeit wirklich sauer, und zwar tödlich sauer für Mensch und Vieh.

In den 90er Jahren ging der Trend Richtung CO_2 Treibgas in Haarspraydosen.
„Weltuntergang durch Haarspray?"
Man musste schon beim 3 Wettertaft Angst haben eine Massenvernichtungswaffe in Händen zu halten.
Deshalb haben unsere achso klugen Politiker ein Treibgas Verbot für Spraydosen erlassen.

Wenn's nicht so traurig wäre müsste man brüllen vor lauter Absurdität.

CO_2 frei.
War das Zauberwort.
Im ersten Jahrzehnt des neuen Jahrtausends ging der Trend Richtung Elektrische Mobilität.
Interessanterweise wurde es zwar großspurig angekündigt jedoch in Wahrheit nur zwecks des Alibi's
In einer Welt in der nur Öl Geld bringt achja und Gas, durfte man sein Auto auf Gas umrüsten.
Davon spricht heute auch kein Schwein mehr.

2001 war es mit dem guten Klima in der einst fast schon humoristischen Weltpolitik von einem Anschlag auf den Anderen vorbei.

9/11 geschah.
Was Amis mehr oder weniger als Notruf benutzten wurden 2 Türmen welche kurz vorher gegen Terrorismus versichert wurden zum Verhängnis.

Die Twintowers wurden von 2 Passagierflugzeugen gerammt.
Drinnen saßen oder knieten Terroristen welche offiziell diese gekidnappt haben.

Auch das Pentagon wurde angeblich von einem Passagierflugzeug kanoniert.

Um sich über etwaige Verschwörungstheorien zu kümmern darüber dachten wohl nur die Wenigsten, denn dafür waren diese Ereignisse an diesem September Tag im Jahre 2001 zu tragisch.

Ich denke dass jeder der damals diese Ereignisse mitverfolgte weiß heute noch wo er in diesem Moment war und was er getan hat.
Ich selbst hörte über diese Vorgänge in der Arbeit, anschließend fuhr ich ins Fitnessstudio wo ich auf der Videowall immer wieder mit Trainingskollegen die Dauernachrichten gebannt verfolgte.

Im Nachhinein kamen berechtigte Bedenken auf, jedoch im Augenblick des Geschehens nur Fassungslosigkeit und Angst, Angst dass der Terror nun überall überhand nimmt.

Terror war das Schlagwort ab diesem Tag.

Musikalisch wurde es mit Schnappi dem Krokodil in den Hitparaden sehr bunt.
Ein Song wie ein Brechmittel, und das Grausame daran war, dass man es nicht mehr so schnell aus dem Kopf bekam.

Dank des immer schneller werdenden Internet's kaufte ich persönlich von da an weniger CD's da man mit MP3 Downloads noch nichts zahlen musste.
Doch Bands, allen voran Metallica wehrten sich logischerweise gegen illegale Downloads.
Sodass dem bald ein virtueller Riegel vorgeschoben wurde.

Ich hatte damals einen ziemlichen Zorn gegen diese Band, zumal die letzten Alben alles andere als anspruchsvoll waren und weil natürlich der Gang ins Geschäft wieder an der Wochenordnung war.
Nun ja es gibt schlimmeres.
So wie das damals revolutionäres Reality TV.
Mit Big Brother ging es los.
Ich konnte mir darunter nicht wirklich etwas konkretes vorstellen.
Unbekannte Personen, eingesperrt in ein Haus und 24 Stunden Live on Air.
Die Spanner sprich Zuseher konnten vorm Fernsehkasterl zusehen.
Hörte sich auf jeden Fall interessant an.
Und das Beste daran, man fühlte sich nicht wie ein Spanner.
Die Bewohner, allen voran der Favorit Jürgen und Zlatko.
Unvergessen ihre Dialoge und Zlatko's Monologe.
Kerstin und Alex, deren Liebesspiele live von Millionen gesehen wurden.
Sabrina, die offensichtlich ins Haus kam um Jürgen zu stalken.
John der etwas heraus stach. Mit seinem Ohrschmuck und seiner vorherigen Karriere als Hausbesetzer.
Andrea deren indische Wurzeln etwas Farbe ins Haus brachte. John

Natürlich war für die meisten Jürgen der Favorit.
Bis zum Schluss war es zum Nägelbeissen spannend.
Doch nicht Jürgen gewann, sondern John ging als letzter aus dem Haus und gewann
die 250.000 Euro.

Was in Deutschland Big Brother war, gestalteten die österreichischen Fernsehmacher in orange.
E voila, Taxi Orange war geboren.

Worum ging es bei Taxi Orange?

Bei Taxi Orange lebte eine Gruppe von 13 jungen Menschen gemeinsam in einem Kutscherhof genannten Haus im 13. Wiener Gemeindebezirk in der Speisinger Straße 66. Als Taxifahrer verdienten sie ihren Lebensunterhalt, dafür hatten sie zwei orangefarbene Taxis (daher der Name) zur Verfügung. Die Wohnung, der Hof und die Fahrzeuge waren mit Kameras ausgestattet. Das gesamte Leben der Taxi-Orange-Kandidaten wurde aufgezeichnet und in einer Zusammenfassung täglich ausgestrahlt. Einmal die Woche wählten die Zuschauer ihren Lieblingskandidaten, der dann nach kurzer Bedenkzeit einen seiner Mitbewohner aus der Sendung ausschloss. Der letzte im Haus verbliebene Kandidat erhielt 1 Million Schilling Preisgeld.

Jeder hatte wie auch bei Big Brother schnell seinen Favoriten gefunden.
In der ersten Staffel, welche auch jene war die ich mir regelmäßig ansah, waren unter anderem Max Schmiedl einer wenn nicht der größte Favorit auf den Sieg.
Zumindest für mich.
Dann gab es noch Magenta, welche den Namen für ihre Haarfarbe aufs Auge gedrückt bekam. Robert besser bekannt als Mama.
Nun ja, im privaten Leben kam es schon öfter vor, dass wenn ich auf der Mariahilfer Straße spazierte plötzlich ein oranges Taxi vorbei fuhr.
Dann wusste man sofort, ah, Taxi Orange ist unterwegs.
Das machte diese Form der Fernsehunterhaltung volksnäher.

Danach gab es zwar noch einige Staffeln dieses TV-Formates, jedoch kam nichts an die erste Staffel heran.

Alkopops war das neue Modegetränk.

Für jene die solche süßen Mördergetränke nie gesehen
oder getrunken haben
Hier die Erklärung:

Alkopops bestehen aus einem Gemisch von
Spirituosen (wie Wodka oder Whiskey) und Limonaden,
Fruchtsäften oder anderen gesüßten Getränken, in
welchen der Alkohol geschmacklich durch die Süße
überdeckt wird. Niedrige Preise machten vor der
Einführung der Sondersteuern neben dem fehlenden
alkoholtypischen Bittergeschmack die Alkopops bei
Partys und Veranstaltungen zu begehrten Getränken.
Zielpublikum sind in erster Linie Jugendliche, die häufig
den Geschmack von Alkohol in seiner traditionellen
Form (Wein, Bier oder Spirituosen) ablehnen.

Ich selbst habe diese Getränke ein oder zweimal
ausprobiert, jedoch sind diese Designer Getränke nicht
wirklich mein Geschmack gewesen.

Kinderkracherl nannte ich sie gerne.
In meiner Jugend war Bier, Wein oder Wodka
angesagt.
Tequila und Jim Beam. Für echte Männer, oder
Quartalssäufer von morgen.

Während in Amerika dem Land der möglichen
Unmöglichkeiten der Bush Junior sein Unwesen trieb,
mussten wir in Österreich 2004 den plötzlichen Tod
seines Staatsoberhaupts verkraften.
Bundespräsident Thomas Klestil war tot.
Diese unglaubliche Nachricht erfuhr ich wieder aus
dem Radio eines Cafés welches ich zu dem Zeitpunkt
besuchte.
Wodurch es dazu kam dass wir mit dem ungewählten
Bundes Heinzi beglückt wurden.

Er war schon eine Naturgewalt, mit seinem Igelhaften
Auftreten, und es war das erste Mal, dass ich erlebte,
zumindest bewußt, dass wir einen Bundespräsidenten
ohne Wahl hatten.
Überhaupt wurde es, was die österreichische
Innenpolitik anbelangte eher ein Fall fürs Kabarett.
Während der Bundesheinzi einmal im Jahr im TV
gesichtet wurde, spielten sich auf Regierungsebene
wahre Dramen ab.
Haider trat als Parteiobmann zurück und Susanne
Riess Passer übernahm die sich immer mehr am
Rande der Verzweiflung stehende FPÖ.
Was nach einer Ära in Knittelfeld endete begann mit
Gusi unserem Sandkasten Kanzler zur Slapstick
Einlage zu werden.
Alfred Gusenbauer war eine imposante Erscheinung.
Wahrlich Kompetent und Wortgewandt.
Karikaturisten hatten ihre wahre Freude an Gusi.
Nie mehr zeichnen, einfach ein Foto nehmen, signieren
und e voila. Ein echter Deix!
Ja Manfred Deix.
was haben wir uns zerkugelt vor Lachen. Er war der
Karikaturist schlechthin. Zum Beispiel als er unseren
Arnie aufs Korn nahm oder die Waldheim Affäre,
Manfred rückte alles ins richtige Licht. Zugegeben
unsere Promis und vor allem Politiker machten es ihm
ziemlich leicht, genug Stoff für Karikaturen und
Gschichterl zu finden.
Damals beim Gusenbauer dachte ich schon,,. „Jetzt ist
die Talsohle erreicht"
Und dann kam der Faymann.
Tja man soll nie goschert sein.

Während ich noch vom Schilling signierte, kam auch
schon die Wirtschaftskrise 2008.
Eigentlich eine volle Verarsche die die Weltwirtschaft
zu Boden riss.
Anfangs dachte ich nur, „wird schon nicht so schlimm
werden. „.

Tja denkste.
Auch die Firma in der ich 10 Jahre meinen Dienst tat,
wurde 2009 Opfer der Krise und musste dicht machen.

Österreichweit wurden düstere Prognosen prophezeit.
Zwar wurde es nicht ganz so schlimm, aber es genügte
um gedämpfte Stimmung zu verbreiten.

An einem Herbstmorgen im Jahr 2008 lag ich noch im
Bett und drehte den Radio auf.
Was ich da hörte ließ mich an meinem Hörvermögen
zweifeln.
Jörg Haider soll bei einem Verkehrsunfall ums Leben
gekommen sein.
Erst dachte ich dass der Alfons gemeint sei, doch leider
hatte ich mich nicht verhört.
Tatsächlich Jörg Haider war nicht mehr.
Schock starre, ich konnte es wie so viele andere auch
nicht fassen.
Laut Medien Berichten soll er alkoholisiert zu schnell in
eine Kurve gefahren und verunfallt sein.
Schnell wurden bei mir Erinnerungen an 1998 wach,
als Hans Hölzel alias Falco ebenfalls bei einem
Verkehrsunfall ums Leben kam.
Zwar kann man den Hansi und Jörg als Menschen
nicht vergleichen, jedoch waren beide unter sehr
merkwürdigen Umständen gestorben.
Damit schloss sich mit sehr traurigem Beigeschmack
eine Jahrzehnte andauernde Ära.
Gut kann ich mich noch an dieses nach Worten
flehende Gesicht von Stefan Petzner erinnern.
Als er mit verheultem Gesicht in die Kameras
stammelte, dass der Jörg sein Lebensmensch war.
Irgendwie kamen bei mir dabei seltsame Gedanken
auf.

Aber es gab auch einiges zu jubeln, wenn auch nur
kurz.

Österreich war endlich mal bei einer Fußball Europameisterschaft dabei.
Und zwar so richtig mittendrin dabei.
Ja wir hätten so richtig stolz sein können, wenn es nicht der Tatsache geschuldet gewesen wäre dass die EM im eigenen Land ausgetragen wurde.
Deshalb waren unsere Fußball Heroen automatisch dabei.
Die 2008 erstmals in Österreich und in der Schweiz ausgetragene Europameisterschaft, die unter dem Motto „Erlebe Emotionen" stand, fand in acht verschiedenen Städten statt.
Und Emotionen erlebten wir en Masse.
Nicht dass wir nicht nur schon in der Vorrunde ausschieden, war selbst dem eingefleischtesten Patrioten von Anfang bewusst dass wir weder weiterkommen würden, auch ein 2. Cordoba war aussichtslos.

Aber eines musste man den Mannen um Ivica Vastic lassen, gekämpft habens wie die Löwen.
Nur können auch Löwen nicht Fussball spielen.
Nix für ungut.

Deutschland hatte in diesem Jahrzehnt etwas mehr zu lachen, zumindest sportlich.
Sie wurden 2008 zwar nicht Europameister, nein, denn das wurde Spanien.

Vielmehr begann die Dominanz von Ferrari in dem ein gewisser Michael Schumacher saß, mich in gewisser penetranter Weise zu nerven.
Nachdem Mika Hakkinen den Deutschen 2 mal platt machte, begann ab dem Jahr 2000 der Siegeszug der roten Göttin.

Ein Rennen ums andere sah ich als alteingesessener Formel Prüller Seher, seit der Niki Lauda in Estoril 1984 das 3. Mal Formel 1 Weltmeister wurde, und musste mit ansehen wie dieser italienische Kübel mit

Schumi am Steuer ein Rennen nach dem anderen gewann.

Unser Wurz Alex schlug sich zwar passabel jedoch fürs obere Treppchen hats leider nie gereicht.
Ich war sogar schon soweit dass ich mir ab 2004 keine Rennen mehr ansah.
Grauenhaft dass sich die Deutschen jetzt auch noch die Formel 1 geschnappt haben, widerlich.
Du konntest ja nicht mal mehr in den Urlaub fahren.
Kaum fährt ein rotes Auto vorbei geht's los, SCHUUUUUUUMIIIII, würg.
Wo sind Sie hin die Zeiten als Österreicher die Formel 1 Pokale einfuhren und die Deutschen nur im Fussball was zu melden hatten.

Dann war auch noch der Wurz Alex weg und was kam?
Der Diamanten Zerstörer von Monte Carlo, Christian Klien.
Als er mit dieser Missgeburt von einem Jaguar in die Mauer fuhr, just in dem Rennen als diese Größenwahnsinnigen von Ford dachten, „lasst uns Edelsteine auf die Nase des Boliden kleben.
Ach herje.
Viel Kohle für nichts.
Tja es waren keine einfachen Jahre für Österreichs Sport Fans.
Kein Thomas Muster, kein Gerhard Berger und schon gar kein Hans Krankl, einzig Heinz Prüller ist geblieben.
Ein Relikt erfolgreicher Jahre der leider für den ORF auch schon zum Auslaufmodell werden sollte.

Als 2005 endlich diese Monotonie in der Formel 1 ein Ende fand, kam pünktlich zum erfreulichen Gewinn der Weltmeisterschaft von Fernando Alonso mein Töchterlein zur Welt.
Ich war mit meinen 30 Lenzen zwar ein spät Entwickler in Sachen Familien Planung, doch ob der Tatsache,

dass ich immer gesagt habe dass ich keine Kinder haben will und schon gar nicht heiraten wollte kam es eben später.

Meine Altersgenossen hatten meist schon Kinder im Kindergarten oder gar in der Schule.

Aber lieber spät als nie.

Wenn ich vorher Kinder gesehen habe, überkam mich blanke Schaudern, doch wenn man sein eigen Fleisch und Blut in Händen hat, ändert sich die Gefühlswelt grundlegend.

Was mit einem passiert ist mit nichts zu beschreiben.

Das Einzige was mich immer hinderte ernsthafte Beziehungen einzugehen, war die Tatsache dass ich um mich herum immer nur Scheidungen sah und miterlebte, was mich zu der Erkenntnis kommen ließ dass ich nie Heiraten wollte und Kinder, werden meist nur als Klebstoff für längst gescheiterte Beziehungen benutzt.

Während ich frisch vermählt war, ließen sich andere schon wieder scheiden.

Sowas stimmte mich bedenklich.

Man bekam ja nicht einmal mehr Kohle fürs Heiraten wie früher.

Während also unsere Helden der Kindheit alt wurden, fingen unsere Kinder an zu krabbeln und so.

Und auch bei mir kamen erste graue Haare.

Aus dem Flitzer von einst wurde ein Familien Wagen mit 10 Airbags.

Sicher ist sicher.

Eben noch besoffen in der Disko auf Aufriss, gefühlte 20 Minuten später beim Windel wechseln.

Tja so schnell vergeht die Zeit.

Aber es ist Tatsache, mit 14 vergeht die Zeit eher schleppend, mit 20, naja geht's schon rasanter aber ab 30 flutsch und weg is die Zeit.

Auch ist man nicht mehr ganz so beweglich und schmerzfrei wie damals oder zumindest noch vor nicht all zu langer Zeit.

Meinen ersten Hexenschuss hatte ich beim Schnee schaufeln. Eine falsche Bewegung und… nix geht mehr.

Ich stand wie ne Vogelscheuche im Winter mit der Schaufel in der Hand und konnte mich keinen Millimeter bewegen.

Wtf, dachte ich mir, ich bin doch nicht alt!

Ja jedoch geht's schneller als es einen lieb ist.

Und mit den Jahren habe ich leider feststellen müssen, dass wir anscheinend in unseren Schuljahren nur Müll gelernt haben, dass Autoritäten zu denen wir hochgeblickt haben brutale Schläger waren.

Ja anscheinend, denn als die Rechtschreibreform immer abstrusere Formen ausbrütete, fühlte ich mich komplett verarscht.

Und zu guter letzt war das Thema dass man „unbedingt" die Schule reformieren musste.

Die bestmögliche Bildung ist nicht mehr möglich.

Es ging ja sogar soweit, dass man das Sitzen bleiben abschaffen wollte.

Wenn mich nicht alles täuscht, haben die Klugscheissenden Politwappler dies ja auch geschafft.

Frage?

Was war falsch an unserem Schulsystem.

Ich glaube das einzige was die mächtigen Systemverwurschtler wirklich wollen, ist verwirrte Lemminge zu erschaffen, die vor lauter Input und vor allem verwirrenden Input, entweder Amok laufen, oder bewusstes eigenständiges denken verlernen und durch einen Dschungel an Reizüberflutung in bestimmte Richtungen gelenkt werden ohne dies zu merken.

Wäre nicht das erste Mal in der langen Geschichte politischer Manipulationen.

Deutsch bzw österreichisches Deutsch wird immer rarer.
Schon in den 1990er Jahren war es mit Flüchtlingswellen und Generationswechsel der einstigen Gastarbeiter unüberhörbar dass man vor allem in Großstädten wie zb. Wien immer weniger Deutsch gesprochen wurde.
Jugendliche haben seit jeher ihre eigenen Trends gehabt.
Sprachlich wie auch modisch.
Doch als die Krocha omnipresent waren, bewunderte ich zum Einen ihre Jumpstyle Moves, andererseits zerkugelte ich mich vor Lachen wenn ich sie sprechen hörte. Bam oida.
Aber so ist es und war es immer schon.
Während unsere Eltern Elvis und Peter Kraus oder Roy Black hörten, waren es bei uns in den 80er und 90er Jahren, Madonna, Hiphop aus den USA bis hin zu Metal allerlei.
Trash Metal Black Metal, Glamrock, oder Grunge.

Sampler wie Future Trance waren in den 2000er Jahren sehr beliebt.
Günstige Raubkopien bezogen viele auch ich vom Hongkong Market meines Vertrauens.
Dort gab und gibt es heute noch alles was es zu kopieren gab.
Markenkopien, Raubkopien, Uhren, Schmuck uvm.
Ronnie Seunig machte mit seiner Idee der Vermarktung im Niemandsland Haugsdorf an der Grenze zur Tschechei jede Menge Asche.
Eine wahrhaft clevere Marktstrategie mit Weitsicht und Sinn für das Geschäft zur richtigen Zeit.
Excalibur das sagenumwobene Schwert wurde Namensgeber seines aufstrebenden Imperiums.

Sehr oft, vor allem am Wochenende fuhr ich in sein Reich der günstigen Genüsse um mich mit Zigaretten und Süßigkeiten einzudecken.
Später entdeckte ich das Colloseum Casino für mich. Und ehrlich hätte es das Colloseum nicht gegeben, hätte ich meine Pfleger Ausbildung finanziell nicht durchgebracht.
Durch gambeln ging ich in 2/3 der Besuche mit erheblich mehr Geld nach Hause als vorher.
Dafür ein spezieller Dank an Don Ron.

Als wir in den 80ern und 90ern Sendungen wie ‚Wir' moderiert vom legendären Walter Schiejok
oder Liebesgeschichten und Heiratssachen von Elisabeth T Spira sahen, wurden die Sendungen im neuen Jahrtausend immer seichter.
Hartz4 Sendungen wie Mitten im Leben oder Bauer sucht Frau läutete eine neue Ära des Schwachsinns ein.

Dsds Deutschland sucht den Superstar allen voran der Modern Talking Pop Titan Dieter Bohlen.
Gesangstalente mit mehr oder weniger Talent sangen sich vom Recall ins Finale in der der Superstar gekürt wurde.
Doch auch in Österreich gab es ein ähnliches Format, namens Starmania.
Aus welcher die Stürmer Christel hervorging doch gewonnen hat die erste Staffel der fast in Vergessenheit geratene Michael Tschuggnall.
Das normale Unterhaltungsprogramm ala Einer wird gewinnen oder Dalli Dalli hat sich stark verändert. Es hat sich in Schlag den Raab oder die Millionen Show gewandelt.
Wobei diese Sendungsformate noch die Familienfreundlichsten waren.
Die Alm in die B bis C Promis in einen Bauernhof einzogen oder Ich bin ein Star, holt mich hier raus, in

der ebenfalls B, C Promis oder gar Relikte aus der
Urzeit der Medien in den Dschungel verfrachtet wurden
und mit abartigen Aufgaben die Zuseher begeilten.
Dies war nach Big Brother oder Taxi Orange der
nächste Level der Spannermentalität in die der Zuseher
versetzt wurde.

Mein Nokia aus dem Jahre 1999 hatte längst
ausgedient.
Vorbei die peinlichen Momente mit der Beule in der
Hose. Handys wurden in den Folgejahren immer
kleiner bis hin zum Klapphandy.
Sogar Fotografieren wurde möglich und Nachrichten
schreiben. Die Welt begann zu Sims'n.
Nachrichten wurden erst zögerlich, mit ein wenig
Übung blind in diese Handy Klumpen getippt.
Nach den Nokia Knüppel, erwarb ich ein Siemens
Handy mit blauem Display, was damals schon
futuristisch wirkte. Außerdem konnte man eigene
polyphone Klingeltöne erwerben was es noch cooler
und individueller machte.
Danach waren diese knuffigen Motorola Klapphandys
angesagt und 2007 erwarb ich mein heiß geliebtes
Sony Ericsson mit Walkman Funktion, sozusagen ein
Handy mit riesen Speicher um richtig viel Musik rein zu
packen.

Spiele wie „wer wird Millionär" und einige andere waren
installiert.
Ich habe diesen Tasten Klumpen geliebt.

Damit war es auch mein letztes Handy, denn ab 2008
stellte ein gewisser Steve Jobs die Revolution
schlechthin der Welt vor.
Nämlich das IPhone.
Die Kombination, Ipod, Internet in einem Touchfähigem
Telefon zusammen zu fügen war der große Wurf aus
Silicon Valley.

Mein erstes IPhone war das für mich immer noch charismatischste IPhone 3Gs.
Schwarz unten gebogen und handlich.
Und oh Wunder, ich bin Apple Fan geblieben.
Entweder man liebt oder hasst es.
Kaum zu glauben dass nur 10 Jahre zuvor dieses Technik Szenario pure Utopie war.
Man musste schon froh sein nicht eine extra Handtasche für die ersten Knüppel kaufen zu müssen.
Und 10 Jahre später wie von Zauberhand, Ipod, eine ganze Musiksammlung in der Hosentasche und dann die Zugabe, das IPhone, mit massenhaft Applikationen im Appstore.

Spiele, Videoprogramme, Musik und massig mehr zum runterladen.
Etwas gewöhnungsbedürftig ohne Tasten aber wie schon beim alten Nokia, Übung war alles.

Eines Morgens, ich kam eben in der Arbeit an, ging in den Aufenthaltsraum, blätterte in der Kronen Zeitung, und las über einen Inzestfall in Niederösterreich.
Mein erster Gedanke war nur, was für eine kranke Kreatur tut Sowas?
Es war und ist auch heute für mich unbegreiflich dass ein sogenannter Vater mit seiner Tochter Kinder zeugt.
Krank, einfach nur krank und vollkommen gestört.

Dies würde ja auch monatelang in dem Medien breit getreten.

Österreich hatte ohnehin schon mit dem auftauchen von Natascha Kampusch nach ihrem Kerker Leben einen Schaden in den internationalen Medien und nun dies.
Ab diesen Zeitpunkt war Österreich in der öffentlichen Meinung nur mehr das Land der Fritzls.

Gegen Ende des 1. Jahrzehnts des 2. Jahrtausends starben Michael Jackson und Whitney Houston.
2 Meldungen welche ich der Zeitung entnahm die Fans in ganz Österreich wie auch den Rest der Welt in eine schockstarre versetzten.
Propofol wurde selbst dem mikrozephalsten Nichtmediziner ein Begriff.

Whitney starb in der Badewanne während Michael sich um fit für die anstehende Mamut Tournee stets in Vollnarkose fiel, dem Leben entschlief.
This was it.

Während in Österreich die Politkabarett Kasperle rund um Werner Faymann und Gusenbauer ihr Programm „ich hab keinen Plan", rauf und runter spielten, haben die Amis endlich mal ins Schwarze getroffen.
Obama wurde der erste schwarze Präsident der vereinigten Staaten.
Mit seinem Slogan, Yes we can, machte er die westliche Gesellschaft, mal abgesehen vom Ku-Klux-Klan, restlos glücklich und voll der Aufbruchsstimmung.
Dieser Barack Obama schaffte es sogar, ohne auch nur einen Handgriff getan zu haben, den Friedensnobelpreis zu ergattern.

Was jedoch folgte, war eine einzige Enttäuschung.
Natürlich war dieser schlanke große adrette Präsident mit seiner Familie ein Hingucker.
Doch gegen die Altlasten und den politischen Müll den ihm sein Vorgänger Bush Junior hinterlassen hat, konnte er gar nicht auch nur ansatzweise das durchsetzen, was er versprochen hat.
Aber das Untergangs Phänomen Angela Merkel, die einstige Stasi Braut, sorgte schon dafür, dass er bei Europa Tourneen wie John F Kennedy gefeiert wurde.

Unser Arnie schaffte in der Zwischenzeit etwas das kaum einer für möglich gehalten hat.
Schwarzenegger wurde Gouverneur von Kalifornien.
Der Big Boss von Sacramento.
Mit seiner Umweltschutz Politik und sein Einsatz für erneuerbare Energiegewinnung wurde er recht populär.
Doch Fakt war, Arnold war einfach nicht für Politik geboren.
Was sein persönliches Waterloo wurde.
Dies gipfelte darin dass er in Sachen Todesstrafe wie seine Vorgänger rigoros blieb.
In seiner einstigen Heimat Österreich wurde darüber heftig diskutiert.
Sogar das Schwarzenegger Stadion wurde wieder umbenannt.
Was ich persönlich nicht verstand, denn was kümmert sich die ohnehin Slapstick reife Politik Österreichs was Arnold der längst kein Österreicher war in seiner wahren Heimat USA treibt.
Dies hätte 30 Jahre zuvor hierzulande wohl kaum wem interessiert.
Fazit, die Menschen, wie auch Politiker sind im Laufe der Jahre hochempfindliche Mimosen geworden.

Vorbei die Zeiten in deren Handschlagqualität noch für bare Münze genommen wurde.
Kinder wurden zu Ritalin Monster, das Traurige daran ist dass dies die Wähler von morgen sind.
Sozialsysteme erfuhren den ersten Anschein von kompletten Stillstand.
Pensionen wurden eingefroren und für unsere Generation sind Pensionen Utopie geworden.
Autorität wurde abgesägt, Eltern glaubten doch tatsächlich, dass Lehrer ihre Ausgeburten erziehen sollten, während in ihrem unstrukturierten Zuhause nur Kraftausdrücke Fernsehen und Alkohol präsent waren.
Vorbilder Fehlanzeige.

Und jene die als Vorbilder agieren sollten, waren eher nicht realistisch als diese deklarierbar.
Keine Sportler, keine Humanoiden welche konstruktive Leistungen vollbrachten.

Kinder werde in dieser oder besser gesagt ab dieser Zeit zu Software und Medienüberflutungs Opfer.
Wie sollen sie sich auf eine wichtige Sache konzentrieren können, wenn sie nicht raus ins Freie gehen und einfach Fussball spielen.
Stattdessen sitzen sie zuhause und verblöden durch Reizüberflutung.
Wären wir so aufgewachsen, gäbe es schon lange keine Menschheit mehr, keine Individuen die noch klar im Kopf sind und Ziele haben.
Diese digitale Demenz führt folgerichtig zur Unentschlossenheit unserer Zöglinge ohne Maß und Ziel.

Hinzu kommt die abartigen Bezeichnung „Patchwork Familie".
Lieb gemeint, jedoch wenn ich mich recht entsinne wuchs auch ich mit einem Stiefvater auf und dafür gab es keinen Namen, außer eine beschissene Zeit.
Was mir gegen den Strich geht, ist dass alles was früher klar und logisch war, heute mit einem verniedlichenden amerikanischen Wort verunstaltet wurde.

So wie Burn out, oder Borderline gibt es nun für jeden Furz, den man übrigens nun Flatulanz nennt ein englisches Wort.
Auch dieses Oberkluge welches wuchs und wuchs sodass nun beinahe jeder glaubt er sei ein kleiner Trapper John oder Dr. Brinkmann.
Auf heutige Arztserien umgelegt sind nun alle Dr. House.

Inklusive psychischem Knall.

Es ist das Internet, das nun jedem Informationen bietet.
Was man nicht weiß wird gegoogelt und so bilden sich
viele ein allwissend zu sein.

Für diese Menschen aber auch für die Kinder und
Jugendlichen lege ich einen Filmtipp ans Herz.
Der Film namens ‚Idiocrazy' spielt in ferner Zukunft, wo
grottentiefe Dummheit und Faulheit herrscht.
Aber am besten selbst ansehen.
Jedenfalls denke ich mir beim Anblick so mancher
Menschen dass man dafür nicht unbedingt in die
Zukunft reisen muss, nein vieles entdecke ich schon
heute.

Die Medien tragen ihr übriges dazu bei.

2010 das Jahr in dem ich es wagte ein 2. Mal zu
heiraten.
Ich war 36 Jahre und dachte mir, was solls.
In diesem Alter merkte ich eine Art 2. Frühling, ich war
durchströmt voll Tatendrang.
Kinder waren zwar nicht mehr wirklich in Planung aber
in diese Welt ein Kind zu setzen war für mich ohnehin
eine Zumutung gewesen.
Auch merkte ich dass ich ruhiger wurde.
Normalerweise bin ich zwar eher ein ausgeflippter Typ
Mensch jedoch die Reife nahm mit den Jahren zu.

2011 starb auch noch der Messias der
Technikrevolutionen Steve Jobs kurz nachdem ich mir
mein IPhone 4 zulegte.
Apple Nerds waren schockiert.
Ich sah schon den Abstieg von Apple ins Bodenlose.
Zum Glück hatte ich Unrecht.

Nun war die Tirade Bob Hope, Johnny Cash und nun auch Steve Jobs vereint.

Der Spruch welcher auf vielen T-Shirts stand lautete nun ‚No Cash No Jobs No Hopes'
In Anlehnung an die Namensträger und der immer noch präsenten Wirtschaftsflaute.

Das Projekt EU mit der üblen Begleiterscheinung des Euros als gemeinsame Währung war bereits 10 Jahre nach Einführung mehr als gescheitert.

Meiner Meinung nach glich Österreich vor dem Beitritt wie ein massives Haus mit Garten.
Doch 10 Jahre später wurde daraus die Grossfeldsiedlung ohne Zwischenwände.
Offen wie der Hintern einer Kuh.

Wohin dies führt kann man erahnen, denn zu viel verschiedene Mentalitäten in einer Wirtschaftsunion, das kann nicht gut gehen.

Griechenland müsste dies am eigenen Leibe erfahren.
Plötzlich waren alle Griechen für die Öffentlichkeit, faule Menschen, die mit Geld nicht umgehen konnten.
Es war schon beschämend wie über diese Bürger hergezogen wurde.

In meiner Kindheit hatten wir nur ein Mädchen an der gesamten Schule, die aus dem Vietnam kam.
Es war eine kleine Sensation.
Sonst kannten wir kaum Ausländer die nach Österreich kamen.
Das war in den 80ern.
Wien natürlich war damals schon übersäät mit Türkischen Gastarbeiter. Jugoslawen und einige Herkünfte mehr.

Aber Merkel machte allen klar, Obama like „Wir schaffen das"!

Österreichs Politiker zogen brav und gehorsam nach.

Lemminge der EU Zentralisten.
Mit der Zeit merkte ich dass die österreichische Mentalität Federn lassen musste, was die Bevölkerung logischerweise Richtung rechts zog.
HC Strache und seine FPÖ gewannen sukzessive an Stimmen, wem wundert es.

Sinowatz sagte einmal einen Satz, der mit dem Verlauf der Geschichte immer mehr an Bedeutung gewann.
Jedoch auf das österreichische Volk umgelegt.
„Es ist alles nicht so einfach".
So in etwa äußerte er sich Mitte der 80er Jahre.
Freie Meinungsäußerung wurden Stasi mäßig immer mehr untergraben.
Facebook und andere soziale Netzwerke wurden immer mehr als Ventil der kleinen Bevölkerung.

Alles wurde wie prognostiziert teurer, der Treibstoff, Lebensmittel, Mieten und vor allem Zigaretten.

Oft fragte ich mich, was wurde aus meinem Österreich. Dem Ort an den man sich wohlfühlt der Ort auf dem man stolz war. Stolz auf die Geschichte, stolz auf seine Größen, stolz auf den harten Schilling und vieles mehr.

Unsere Kindheit und Jugend war recht unbeschwert und wir konnte unsere Meinung frei heraus sagen.
Das war gut, man wusste sofort woran man war.
Ob man geduldet oder nicht war, man musste nicht Menschen um sich herum haben die man nicht ausstehen konnte.
Im Gegensatz zur Milleniums Generation.

Wo es nun so war, dass wenn man einem die Meinung geigt, schon von Mobbing spricht.

Mit knapp 40 Jahren fragt man sich wohin die Zeit verflossen ist.
Es fühlt sich an, besonders wenn Mann Kinder hat, als wäre man von einem Moment auf den Anderen in die Schublade Kategorie alt gefallen.
Doch kommen doch noch Momente in denen man Kind ist.
Sei es wenn man mit Jugendlichen spricht, oder was die Musik anbelangt.
Ein Song aus den 90ern im Radio oder die Playlist im Auto wenn man zur Arbeit fährt.
Wenn meine Mutter früher Schlager hörte oder gar Volksmusik dachte ich mir nur, „wie peinlich".
Doch wenn ich mir Sido gemischt mit Haddaway und Metallica reinziehen, merke ich, dass sich wenn man im Kopf nicht vergisst dass man selbst vor noch nicht all zu langer Zeit Jugendlicher war, nicht viel ändert.
Außer dass einem die Haare ausfallen und der Bart grau wurde.

Es sind Äußerlichkeiten welche einen alt erscheinen lassen, mehr nicht.
Doch ich bemerkte auch dass wenn ich einige Schulkollegen von einst beobachte, diese sich wie 40 jährige verhalten, manche sogar wie 50.
Und dann wundern sie sich warum sie ihre Kinder nicht verstehen.

Österreich war einmal die Insel der Seeligen, doch spätestens seit dem Jahre 2015 wurde es vor allem in den Großstädten ein gefährlicher Ort.
Landmenschen haben da durchaus ein qualitativ besseres Leben.

Man kennt die Nachbarschaft und kann zu Fuß durch die Natur gehen ohne Angst vor der Dunkelheit zu haben.

Doch wenn man im TV sieht wie sogenannte ‚Syrische' Flüchtlinge ins Land strömen, dabei mehrere sichere Staaten durchqueren dann kann man schon mal ins Grübeln kommen.

Politiker die vor einigen Jahrzehnten noch für das Volk gearbeitet haben, sind in Anbetracht dessen was sich im Lande abspielt nur mehr Schergen des Europäischen Zentralismus.

Als ich sah, dass Flüchtlinge mit Teddybären empfangen wurden, zweifelte ich erstens an der Zurechnungsfähigkeit meiner Landsleute und zweitens, was ist man als österreichischer Staatsbürger noch wert.

Mich jedenfalls hat noch niemand mit Teddybären beworfen, nicht mal wenn ich nach einer 12 Stunden Schicht aus dem Nachtdienst kam.

Was wurde nur aus den Menschen, wann kam der Moment der selbstlosen Sinnlosigkeit.

2011 ein Jahr das nicht nur uns Österreicher stark an 1986 erinnerte.

Kernkraft brach ja fast schon unseren Bruno 1976 das Genick.

1986, dann der Super Gau von Tschernobyl.

Daran kann sich jeder der damals lebte erinnern.

Es war etwas neues, unvorstellbare, was sich nicht nur hier zu Lande abspielte.

Die nukleare Angst ging um und die Furcht davor dass es Kraftwerke in der Nähe betreffen könnte, denn dann würde dies die sichere Auslöschung jeglichem Lebens in Österreich bedeuten.

Wobei mir der Film „ The Day after" in den Sinn kommt.

Ein Film über die nukleare Apokalypse, sehr deprimierend und beängstigend zugleich.

Ein Film welcher zu Zeiten des kalten Kriegs gedreht wurde.

Als ich, ich glaub ich war so in etwa 8 Jahre alt im TV die Sendung ‚Trailer' mit Frank Hoffmann sah.

Während einer Kinovorschau der Sendung ging ich damals kurz für kleine Jungs, als ich zurück kam sah ich eine nukleare Katastrophe, epischem Ausmaßes.

Ich dachte kurz das seien die Nachrichten und stand dermaßen unter Schock dass mich meine Oma lange beruhigen musste.

Oft habe ich von dieser Detonation mit hellem Blitz und anschließender Druckwelle geträumt.

Daher bin ich nach Tschernobyl ziemlich zusammen gezückt, bis mir klar wurde, dass dies 1000 Kilometer entfernt war.

Im Nachhinein betrachtet sind 1000 Kilometer nicht mal eben viel, wenn es um einen Super Gau geht.

Aber damals wusste ich es eben nicht besser.

Und irgendwie sind wir in den 70er geborenen nicht so leicht einzuschüchtern.

Lange Rede kurzer Sinn, 2011 trat dieser schreckliche Fall wieder ein. Und zwar in Japan, genauer in Fukushima gab es eine Wiederholung von 1986.

Ein Reaktor ging hoch.

Logischerweise kamen wieder dieselben Bilder hoch und die Diskussion über Sinn und Unsinn fand ein brisantes Thema, welches die Medien wochenlang beschäftigte.

Doch auch die Politik konnte dank dieses Themas von anderen Problemen wieder sinnvoll ablenken.

Weg mit dem AKW's, die grüne Front hatte wieder ein Thema und eigentlich ist es ja eine gute Sache, Kernkraftwerke zu verbieten, da es ja soviel andere Möglichkeiten der Energievewinnung gibt.

Wäre da nicht eine gewaltige Tatsache, nämlich dass
es Kernkraftwerke in Massen gibt, und zwar genau um
uns herum.
Wohin mit den Brennstäben, dem Uran und Plutonium?
Da wir 70er Realisten sind, wissen wir, dass wir den
Moment in dem es auf Erden keine AKW's mehr gibt,
nicht erleben werden.

Da war der Kreisky schon intelligenter, erst ein AKW
bauen und es dann erst gar nicht in Betrieb nehmen.
Zynisch gesehen ein brillanter Schachzug, dazu das
Volk zu befragen.
Doch damals gab es im Volke mehr Realisten mit einer
eigenen Meinung, die hätten sich eher inhaftierten
lassen, als sich zu verbiegen.
Heute ist es eher umgekehrt.
Nicht dass sie sich nicht für die Meinung inhaftierten
ließen, doch sie wissen nicht ob es wirklich ihre
Meinung ist.
Wenn Bruno gesagt hat, ‚ich bin der Meinung‘, dann
war es wirklich seine im Grunde verankerte Meinung.
Daher sollte man heutzutage mit dem Wort
Meinungsfreiheit vorsichtig sein.
Denn meist kommt nichts Produktives dabei heraus.

Noch so ein Steinzeit Relikt aus Ufa Film Urzeiten, war
der allseits beliebte Johannes Heesters.
Der Typ war mit über 100 Jahren noch auf der Bühne
in Betrieb.
Diesen Mann konnte auch der 105. Geburtstag nichts
anhaben.
Er verdrehte den Damen die Köpfe, selbst als er schon
höherem Alters war.
Ein Filou der ganz alten Schule.
Jedoch darf man die Tatsache, dass niemand ewig lebt
nicht leugnen.
Und so kam zu Weihnachten 2011 auch für Joopi
Heesters der Moment des endgültigen Abschieds.

Er verstarb mit sage und schreibe 108 Jahren.
Beeindruckend wie sein Leben war auch sein Alter
welches er erreicht hat.

Überhaupt, was hat uns jeden Samstag und Sonntag
den Tag versüßt, bevor es SpongeBob und Grill den
Hänsler gab?
Die Mädels vom Immenhof, Hans Moser und Peter
Alexander der wiederum Hans Moser imitierte.
Waltraud Haas und Heintje.
Meine Güte, was hatte der kleine Holländer für ein
Goldkehlchen.
Wenn der ‚Mama ‚‚ sang schmolz bei jeder Oma und
Mutter der Plafond von der Decke und wurde zum
Fußboden.

Tradition, Moral von den Geschichten und Weisheiten
wurden uns übermittelt.

Was ich heute im Flat Screen sehe, übermittelt mir das
Gefühl des zerebralen Armageddons.
Wie irre die Menschen wurden, wahrscheinlich durch
einer Mischung aus Alkohol und Reizüberflutung zeigt
dieses Beispiel aus dem Jahre 2012: arbeitsloser
Steirer (56) schneidet sich selbst mit einer Kappsäge
den linken Fuß ab, wirft diesen danach in den Ofen und
ruft anschließend die Polizei. Diese spricht von einer
"unglaublichen Verzweiflungstat.

Noch Fragen?

Vor 30 Jahren wäre ein Steirer nachdem er sich den
Fuß abgeschnitten hätte, noch zum Nachbarn
gegangen und hätte den Fuß mit einem Tacker
angetackert und hätte als Dank dem Nachbarn einen
ausgegeben.
Aber doch nicht in den Ofen geschmissen.

2011 starb nicht nur Johannes Heesters, Österreich musste einen weiteren Entertainer welcher unsere Fersehlandschaft erhellte und für Familienabende vor dem TV-Schirm sorgte.
Peter Alexander eigentlich Peter Alexander Ferdinand Maximilian Neumayer schloss seine Augen für immer.

Seine Lieder mit denen man die 70er gemütlich in Gesellschaft und Eierlikör trinkend verbrachte, waren unter anderen, ich zähle täglich meine Sorgen und die kleine Kneipe.
Filme wie das weiße Rössl oder die Peter Alexander Show.
Letztere wurde richtig Kult, und man munkelte schon im Frühjahr was im Winter in der Peter Alexander Show zum Besten gegeben wird.
Man kann sich das heute gar nicht vorstellen welche Einschaltquoten seine Show hatte.

So raffen sie hin, unsere Kinderhelden, und auch ich merkte dass der Körper wie auch dessen Regeneration nicht mehr die eines 20 jährigen war.
Aber deswegen Trübsal blasen?
Fehlanzeige, wer in den 70ern aufwuchs der kennt zwar den Boden doch er frisst nicht dessen Staub.
Nein wir stehen auf und holen verdammt nochmal den Besen um den Staub weg zu fegen.

Und dennoch erwischt man sich selbst des Öfteren, dass man sehr oft, vielleicht etwas öfter als noch vor einigen Jahren mehr in die Vergangenheit blickt als in der Gegenwart zu verharren.
Vielleicht liegt es daran, dass es den einen oder anderen Menschen aus der schönen Jugend nicht mehr gibt.
Sei es der Lieblingslehrer aus Hauptschultagen oder einfach ein guter Freund mit dem man eine Zeit lang um die Häuser zog.

Das gruselige am älter werden ist, dass man zwar einen Geburtstag um den anderen feiert, jedoch im Kopf fühlt man sich immer noch wie eine Mischung aus Jugendlicher und höchstens Mittzwanziger aber niemals so alt.
Wenn ich die Kerzen zähle, mit meiner Kurzsichtigkeit Glaube ich immer das ist die Torte für meine Oma.

Wenn man so den 40er überschreitet, kommen einem die Gedanken, „ich muss im Leben einen Halbmaraton laufen".
Oder Bungeejumping.
Keine Ahnung warum, aber es gelüstet einem nach mehr Lebensqualität und um im Leben mehr vorweisen zu können als arbeiten, heiraten, Kinder großziehen usw.
Muss wohl diese berüchtigte Midlife Krise sein.

Als ich einige Jahre zuvor Starmania sah, konnte ich nicht ahnen, dass in dieser Show ein Sänger, ein Büblein von hagerer Gestalt mit einer guten, jedoch nicht Welt bewegenden Stimme Lieder zum besten gab, mit denen er diesen Contest nicht gewann.

Nun ich dachte das wars.
Pustekuchen von wegen wurscht, aus dem Typen wird eh nix.
Er oder besser gesagt Es sollte uns eines besseren belehren.
Mit einer Wurst begann Conchita ihre Karriere.
Conchita sang mit einer Wurst im Nachnamen.
Unglaublich war nicht nur die Stimme, unglaublich war eher was ich sah.
Man konnte bei dem Anblick spontan impotent werden.
Eine Frau mit einer Wurst und Bart.
„Was zur Hölle geht jetzt ab! „
War Mei erster zweiter und Dritter Gedanke.

Udo Jürgens welcher sich zuvor schon des Öfteren über die Flüchtlingspolitik geäußert hat war unser Mann welcher den Song Contest gewann. Vor Urzeiten als dies noch ein komplett anderes Format war.
2014 wurde durch Tom Neuwirth alias Conchita Wurst das Unmögliche möglich.
Mit Rise like a Phoenix gewann Es oder wie auch immer man sie ansprechen soll, den Eurovision Song Contest.
Ironischerweise war 2014 ebenfalls das Jahr an dem Udo Jürgens an einem Herzinfarkt starb.
Ob es Zusammenhänge gab, konnte bis heute nicht geklärt werden.
Doch bei dieser Tragik, dass Udo Jürgens erleben musste, dass ihm ein Transvestit seine Einzelleistung klaut könnte ich verstehen dass dies einem aufs Herz haut.

So nun zur normalen Menschheit, Udo Jürgen Bockelmann, der den Soundtrack meiner Kindheit gesungen hat, ist Ende 2014 plötzlich und unerwartet verstorben.
Bei einem Spaziergang erlitt der Entertainer welcher auf eine über 60 jährige Karriere zurückblicken konnte einen Herzinfarkt.
Er starb wie er gelebt hat, schnell und unterwegs.

Songs wie „Aber bitte mit Sahne* oder den Tom und Jerry Titelsong „vielen Dank für die Blumen"

Den „Es war einmal der Mensch „ Titelsong welcher bei mir in der Dauerschleife lief, da ich mir diese wissenswerte Serie ständig ansah und wirklich viel lernte.
Es war Geschichtsunterricht präzise auf den Punkt gebracht.
Und dennoch unterhaltsam.
Wieder ein Held weniger.

Mit der Zeit merkt man, was Erinnerungen wert sind.
Sie sind wie ein Schatz, den man stets bei sich trägt.
Heute höre ich noch gerne „Griechischer Wein", und
„der Teufel hat den Schnaps gemacht".
Unzählige Coverversionen wurden aus seinen Hits
gemacht.
Sei es in der Technoschiene oder Heavy Metal.

Die 68er Generations Ableger hatten im Jahr 2015
wirklich Grund zum Feiern,
Endlich mussten sie nicht mehr mit dem Fahrrad in den
Urlaub fahren, nein, jetzt kommt der Urlaub zu ihnen.
Flüchtlingsfluten, voll gespickt mit hochqualifizierten
Fachkräften.
Blöd nur dass sie nicht schon prophylaktisch eine
Bewerbung geschrieben haben.
Basti Kurz sagte damals als Integrationsminister „die
Migranten sind im Durchschnitt klüger als der
Österreicher.
Wie selbstlos und unpatriotisch muss denn ein
Staatsbürger sein um sich bei solchen Aussagen nicht
komplett verarscht zu fühlen.
In Zeiten wie diesen, in denen man aber Sowas von
Gefühlvoll sein muss damit sich auch niemand
gemobbt und ausgegrenzt fühlt.
Wenn sonst nichts hilft kommen sie eben wie immer mit
der Nazikeule.
Es waren Anblick und Momente im Fernsehen des
öffentlichen Parteisenders die mir die Iris aus den
Augen schossen.
Selfie mit Mama Merkel, Faymann's Tür mit Seitenteile.
Sagt mal haltet ihr uns denn für komplett meschugge?
Nennt doch das Kind beim Namen.
Unterwanderung nach Plan.
Denn damals im Bosnienkrieg hab ich es verstanden,
denn das war „Nachbar in Not"

Unmittelbare Nachbarn welche vor Krieg und Ermordung flüchteten, aber dies verstand ich jetzt wirklich nicht.

Das war ja förmlich ein Tritt direkt ins Gemächt.

Noch dazu fast nur Männer, wer führt denn nun Krieg da unten? Die Frauen etwa?

Wer wirklich vor Not und Elend flüchtet, hat noch lange keinerlei Leistungsanspruch.

Zumal der Großteil nicht mal aus Kriegsgebiete kamen.

Es waren ja die Meisten Trittbrett Fahrer um zu sozial Leistungen zu gelangen.

Fürs Nichtstun.

Das können sie der naiven Ritalin Jugend erzählen aber keinem der in den 70ern geboren ist.

„Benimm dich, passe dich an und ab der Beweislage einer Straftat, tschüss mit Rosen.

Im Laufe der folgenden Jahre habe ich vor allem Syrer kennengelernt und auch als Arbeitskollegen und ich bin schwer beeindruckt.

Integration und Leistung sowie Eifer, top.

Den Rest die ständig Polizeilich auffallen und nichts passiert, diesen Großteil und es ist Fakt dass diese unsere Mentalität und Regeln niemals annehmen.

Doch die Gesellschaft, vor allem in Großstädten wie Wien sind nicht nur blauäugig sondern auch zum Teil Opfer ihrer Dummheit.

Seit Conchita den Song Contest gewann, ist die Frage nach dem Geschlecht, mehr schlecht als recht.

Tatsächlich gibt es auf manchen Fragebögen inzwischen mehr als zwei Geschlechter zum angeben. Ja sogar mehr als 3. Was zur Hölle, ist mir in den über 40 Jahren in denen ich hier auf Erden wandle etwas grundlegendes entgangen?

Männlich ja, weiblich, ja, sächlich nun ja, und dann?
Diverses gibt es auch. Was auch immer dies bedeuten
mag weiß offensichtlich nur jemand der lange nach
1980 geboren wurde.

Das Ams bietet für seine Mitarbeiter verpflichtend
Gendertraining an.
Damit wenn ein Wesen mit 3 Geschlechter einen Job
sucht der Ams Berater die passende Attitüde an den
Tag legt.
Finde ich einerseits gut, jedoch eingefleischte
konservative Muslime oder andere konservative
Homophobe Ethnien werden dies sicher etwas
radikaler sehen.
Denen würde keine grundlegend passende Attitüde in
den Sinn kommen.
Da gibt es zum einen homosexuelle Muslime und
andere Ethnien mit sexueller Orientierung für die sie zu
Hause höchstwahrscheinlich gefoltert und ermordet
werden würden und auf der anderen Seite diejenigen
die möglicherweise nur deshalb so radikal wurden, weil
sie Angst haben durch die erstgenannten infiziert zu
werden.
Allein diese Grundeinstellung ist mehr als fragwürdig,
denn entweder man ist es oder nicht.
Aber dass schwul sein und vielleicht sogar ein 3.
Geschlecht ansteckend sein könnte spricht gegen
jedes physikalische Grundgesetz.

Homosexuell durch Tröpfcheninfektion????
Lesbisch durch Sex mit Lesben, ja das macht Sinn.
Ironie, Zynismus und schwarzer Humor ist die
Brutstätte mit massig Nahrung bei diesen kranken
Ansichten.

Aber wir sind Realisten der 70er Urzeit, als es noch
Urzeit Krebse in Heftchen gab,

Daher wissen wir dass es Schwachsinn ist und dass es tatsächlich mehr zwischen Bauchnabel und Fußsohlen gibt als sich andere vorstellen können.

Doch wieder zurück zum Realismus unserer Vergangenheit in der Gendering und Religiöse Fehlinterpretationen weit entfernt sind.

Bud Spencer und Terence Hill zwei wie Pech und Schwefel, Vier Fäuste für ein Halleluja und viele Beispiele mehr mit denen wir einst bestens unterhalten würden.
Leider musste Mario Girroti alias Terence Hill 2016 Abschied von seinem gewichtigen Partner nehmen, denn Bud Spencer schloss seine zugekniffenen Augen für immer.
Ein ganzes Kapitel Unterhaltungsindustrie schloss sich mit einem Wimpernschlag.
Doch wusste kaum jemand dass Carlo Pedersoli wie Bud Spencer mit richtigen Namen hieß vielmehr war als nur ein unterhaltsamer Schauspieler, denn nebenbei war er, Fernsehschauspieler, Stuntman, Jurist, Politiker, Schwimmer und Wasserballspieler, Sänger, Komponist, Fabrikant, Drehbuchautor, Modedesigner, Musikproduzent und Erfinder sowie Gründer der Fluglinie Mistral Air.

Genug für zwei Leben was diese italienische Naturgewalt auf die Beine gestellt und erschaffen hat.
Immerhin hat er für seine Leibesfülle mit 86 Jahren ein relativ hohes Alter erreicht.

Und wieder ein Held weniger.

Was Helden anbelangt, hatten die Deutschen im Momentum ihren Sebastian Vettel und die Nationalmannschaft.

Auch Michael Schumacher hatte bei seinem Comeback 2010 im Mercedes nach durchwachsenen Ergebnissen 2mal sein Juhu.
1 mal in Valencia mit dem einzigen Podest platz als Dritter.
Sein zweites hatte er mit der Pole Position in Monaco.
Er musste zwar durch Strafversetzung von weiter hinten starten, doch er konnte kurzfristig sein Können wieder unter Beweis stellen.

2013 Nachdem Vettel seinen letzten Titel mit der Red Bull Dose holte, passierte im Dezember im französischen Meribel ein nicht vorhersehbares Unglück.
Ich war an diesem Dezemberabend in Wien in der Ziegelofengasse im alten Fassl mit meiner Frau und aß gerade Wiener Schnitzel, als ich im Radio irgendetwas von einem Schumacher und Skiunfall vernahm.
Ich dachte mir nichts weiter und bestellte mir noch eine Palatschinke mit Marillenmarmelade.
Beim nach Hause fahren hörte ich es nochmal im Radio, jedoch wurde mir diesmal klar, dass es sich um Michael Schumacher handelte, der in einer lebensgefährlichen Verfassung war.
Natürlich wurde anschließend Wochen bis Monate lang darüber berichtet.
Ich und viele meiner Bekannten dachten ebenso dass ein Michael Schumacher, ob man ihn mochte oder nicht, meist aus patriotischen Gründen, Jahrzehnte lang am Limit Formel 1 fuhr, um dann bei einem lächerlichen Skiunfall mit wenig Km/h so schwer zu verunfallen.
Schwere Kopfverletzungen trotz Sturzhelm weil er unglücklich auf einen Stein fiel.
Einfach nur tragisch.

Er war ein Relikt aus der EU freien Zeit als wir unseren Schilling noch gut und gerne zu weitaus günstigeren Preisen ausgaben.
Das Gefühl etwas Wertvolles mit Flair in Händen zu halten, mit dem wir uns als eigenständiges selbstbestimmendes Volk eines autonomen Staates identifizieren konnten.
Als wir noch sportliche Helden hatten wie Thomas Muster, Horst Skoff der leider frühzeitig verstarb.
Später dann die Legendenbildung um den Herminator Hermann Maier.
Was war das für eine furiose Leistung in Nagano.
Als er durch die Fangzäune knallte, dachte ich nur ebenso wie die Moderatoren die wie alle schockiert waren.
Hoffentlich ist den Herrmann da nichts passiert, höre ich den Moderator Robert Seeger, glaub ich war das mit Armin Assinger, noch sagen.
Kaum gesagt, schüttelt der Hermann Maier den Schnee vom Anzug und steht wieder auf.
Als er dann tags darauf den Sieg holte war dies für mich dermaßen beeindruckend, dass ich spätestens ab diesem Zeitpunkt zum Maier Fan wurde.
Wie bei Thomas Muster hing man vorm Fernsehkasterl und fiebert mit als würde man selber spielen, oder sich die Piste runter schmeißen.
Diese Kombination aus Identität und Patriotismus wie auch Geradlinigkeit führen dazu, dass zumindest ich phasenweise mit Wehmut in die Vergangenheit blicke.
Medien entnahm man aus Funk und Fernsehen wie aus den Tageszeitungen.
Heute weiß man gar nicht was man glauben und ignorieren soll.
Diese Reizüberflutung ist meiner Meinung nach der Grund für diverse neu Erkrankungen.

Erkrankungen wie Syndrome die man vorher nicht kannte.

In der U-Bahn sitzend, es ist 6 Uhr morgens, sehe ich mich um.
Ich erspähte vieles, doch hören kann ich nichts, nichts, kein Wort, welches auch nur im Ansatz Deutsch oder österreichischer Herkunft wäre.
Es ist schon faszinierend, jeder hängt am Smartphone und telefoniert dermaßen laut, als wären sie alleine in der U-Bahn.
Keine Ahnung warum Migranten in Wien immer so laut telefonieren müssen.
Auch das Phänomen des ins Handy sprechens, indem man das Teil flach in der Hand hält und jeder mitverfolgen bzw mithören kann.
Vorausgesetzt er spricht diese Sprache.
Ja Wien ist bunt geworden, und fremd, sehr fremd.
Mal abgesehen davon dass man nichts mehr essen darf, aufgrund der Geruchsbelästigung.
Rücksicht auf andere.
Lachhaft, früher wussten wir uns zu benehmen, außer wenn Fußball Derby war, da konntest du die Abgründe der Menschlichen Blödheit live mitverfolgen.
Dass bei Geruchsbelästigung wohl Essen die kleinste Problematik darstellt, wird wohl jedem klar wenn er zur Mittagszeit mit der U6 oder U1 fährt.
Körpergerüche können einem schon die Tränen aus den Augen treiben.
So mancher hält auch Körpergase ganz ungeniert nicht zurück.
Während es der eine eher elegant löst, lassen andere ohne schlechtem Gewissen ihrem Gasaustausch freien Lauf.
Da kommt wenn man mehrere Stationen fahren muss das blanke Grausen auf.

Nun die Tatsache dass Zuwanderer in Wien die perfekte Sozialstadt vorfinden trägt ihr übriges bei, denn dass die Großstädte immer mehr Einwohner beherbergen ist kaum von der Hand zu weisen.
Vor 40 Jahren sagten sogar Touristen, warum Wien so grau und unfreundlich ist.
Im Laufe der Zeit wurde Wien zwar bunter und nach außen freundlich, aber wer am Land wohnt und in Wien arbeitet der sieht die grundlegenden Differenzen und ist wahrhaft froh sobald er die Ortstafel im Rückspiegel sieht.
Als Jugendlicher gab es in meinem Bekanntenkreis kaum jemand der nicht nach Wien gehen bzw umziehen wollte.
So auch ich.
So oft es möglich war fuhr ich damals nach Wien, stellte meinem Mitsubishi beim Media Markt ab und fuhr mit den Öffis quer durch Wien.
Von der Mariahilfer Straße, zum Südtiroler Platz, in den Prater und abschließend zurück zum Media Markt um Cd's zu kaufen.
Zu dieser Zeit stand ich eher auf Gothik und gab mich teilweise mit Gothik's ab.
Doch diese triste Einstellung dieser Goth's passte auf Dauer nicht in mein Trainingsprogramm.
Da ich um zu wachsen beinhartes Training mit ultimativer Disziplin an den Tag legte.

Ich war fasziniert von dieser Großstadt, Stores wie das Why Not, oder der Irish Pub gleich nebenan.
Zieglergasse, Mariahilfer, Kärntnerstrasse, alles potenzielle Einkaufs Hotspots.
Doch je mehr Wien fremd wurde und je mehr kulturell dem Niedergang geweiht war, desto weniger interessierte mich diese Metropole.

Der Würschtelstand wurde durch Kebapbuden ersetzt.

Insidergeschäfte überstanden den Umstieg auf EU konformen Bestimmungen nicht.

Der Euro führte ohnehin dazu dass alles teurer wurde und da man Wien als Aushängeschild für Österreich verstand, ließ man sich vieles plötzlich für große Preise verkaufen.

Nach dem Motto, ‚der Tourist wird es schon zahlen'.

Wien wurde selbst gerecht und eingebildet.

Pensionisten mussten im Gegensatz zu früher immer öfter zur Tafel, da sich die Pensionen im Vergleich zum Euro nicht erhöhten.

Rentnerarmut wurde ein neuer Begriff.

Doch die einzigen welche dies unbekümmert ließ, die es nicht begriffen haben, waren unsere Herren und Damen von der Regierung aber auch Wiener Regionalpolitiker.

Wien ist rot, dass unsere Regionalpolitiker aber auch durch viele Kneissers und Schoitls vertreten sind, ist auch kein Geheimnis.

Was aus meinem Österreich zwischen 2000 und 2019 wurde, lässt mir die Krampfadern auf der Stirn platzen.

Unsere Bundeshymne wurde abgeändert, nur dass auch der Dümmste weiß dass Frauen diesen Staat aufgebaut haben.

Ich meine die Hymne wurde von einer Frau getextet, sie wird sich damals schon etwas gedacht haben.

Aber so ist es nun mal, wenn Politiker nichts besseres zu tun haben als bereits bestehendes unnötigerweise zu verändern.

Reicht es nicht schon dass laut EU fremd gesteuert keine Gurken mehr krumm sein dürfen, Glühbirnen durch Sparlampen ausgetauscht wurden, Pommes müssen einheitlich aussehen, Datenschutz pur in einer Zeit, in der ohnehin jeder Idiot alles postet und ins Netz stellt.

Alle Daten werden freiwillig preisgegeben und dann den ultimativen Datenschutz einzuführen ist doch die reinste Heuchelei.

Weiteres offene Grenzen. Wenn Grenzen offen sind, gibt es keine Grenzen mehr.

Was mich zum nächsten Punkt bringt.

Was in den 90ern im ehemaligen Jugoslawien passierte, das war ‚Nachbar in Not', es war für mich OK dass man hier eingreift und hilft, dass man Flüchtenden Unterschlupf gibt, war ok.

Aber was diese grenzenlose Massenflucht aus aller Herren Länder seit 2015 betrifft, dafür habe ich kein Verständnis mehr.

Wieviel unkontrollierte Unterwanderung kann ein Zwergstaat wie Österreich ertragen.

Unterbewusst wird vom linken Flügel unseren Kindern suggeriert dass es gut sei.

Die Gutmenschen ohne Hirn ohne Plan mit ideologischen Gedanken ala Michael Jackson diese Welt zu einem besserem Ort zu machen, bekamen schon die Rechnung in Köln und zur Weihnachtszeit 2015 präsentiert.

Das Traurige daran ist, dass unsere Kinder irgendwann fremd im eigenem Lande sein werden.

Aber diesen gewollten Exodus als gute Sache zu verkaufen, ist schon mehr als boshaft.

Wir werden ja sehen wohin dieser unkontrollierte Wahnsinn uns eines Tages führt.

Kreisky sagte einmal zu den Journalisten „Lernens Geschichte, dann wissen sie wie das war damals im 1934er Jahr"

Ich denke er meinte nicht nur den Bürgerkrieg zwischen Christsozialen und Sozialdemokraten, kurz den Arbeitern.

Mehr glaube ich er meinte zusätzlich was es bedeutet sich offen zur Religion in Ländern anderer Weltanschauungen zu bekennen und dies nach außen hin bis zur Penetranz zu leben.

Man sieht ja dass Religionen seit jeher wenn sie das eigentliche Leben und Miteinander unterordnen, zwangsläufig zu Konflikten führen.
Dazu gibt es unzählige Beispiele aus der Vergangenheit und logischerweise Gegenwart.

Wertfrei ohne Religion zu leben ist keine Gotteslästerung oder der versperrt Weg ins Paradies, nein es ist befreiend von Zwängen und unnötigen Regeln welche ohne Grundlegende Beweise irgendwann von irgendwem aufgeschrieben wurden.
Nicht schwer zu erkennen dass ich Religion für beklemmend und unnötig finde.
Wem es hilft zu glauben, soll es meinetwegen tun, aber ohne Verkleidung und ohne Voreingenommenheit Andersdenkender .
Fakt ist jedoch, dass dies ein Ding der Unmöglichkeit ist.

In diesem Falle muss ich wohl darauf hinweisen „lernt Geschichte"

Nun zu einem anderen Thema.
Pensionen und ihre Opfer.
Pensionisten sind die eigentlichen Opfer dieser Politik und der Gesellschaft.

Da ich in der Altenpflege arbeite, erlebe ich es jeden Tag, dass die Pensionisten regelmäßig ausgenommen und abgeschoben werden. Warum?

Ganz einfach, denn in Zeiten in denen die Karriere und auf der anderen Seite das Großstadt Leben schuld sind dass man sich demente oder gar inkontinente Angehörige nicht mehr leisten kann. Ein Trauerspiel welches am Land noch besser zu lösen ist als zum Beispiel in Wien. Denn dort ist es seit jeher so dass man sich eher um die Alten kümmert, da in vielen Fällen Häuser vorhanden sind und in der Not kommt das Hilfswerk. Irgendwie hat das mit Tradition zu tun. Auch werden am Land die Menschen nicht so alt zumindest krank alt. In Wien hingegen gibt es die meisten richtig Alten, nur dass diese sehr lange mit multiplen Erkrankungen des Alters alt und noch älter werden. 100 Jahre sind keine Seltenheit. Auch 100 jährige und älter welche noch sehr hellem Gedankens sind und dank der Erfindung des Rollmobils sehr mobil sind. Bemerkenswert. Jedoch werden gegenüber sehr früher, die Pensionsansprüche immer weiter nach oben korrigiert. Wenn das so weiter geht, und das wird es, dann arbeite ich mit meinen momentanen 44 Lebensjahren, offensichtlich noch bis 90.

Nun ja kann man nicht ändern, aber man kann sich das Leben schön reden oder schön saufen, je nachdem wie selbstlos man ist. Apropos saufen, während heute Kinder schon mit einer Packung Valium und Ritalin zur Welt kommen weil ihre Eltern zuviel Red Bull gekippt hatten, war

es bei uns eher so, dass unsere Eltern vor der Schwangerschaft, während der Zeugung und nach der Schwangerschaft literweise Cognac und Eierlikör soffen. Bier rundete die Mixtur perfekt ab.
Sie soffen, sie rauchten, manche waren auf LSD und wir kamen mit Normalgewicht normaler Größe und mit männlichen oder weiblichen Geschlechtsorganen zur Welt.
Wir hatten 5 Stunden Sport in der Schule, Leichtathletik Wettbewerbe und spielten in der Freizeit Fußball.

Unsere Lehrer hatten die Lizenz zum Knüppeln, besonders beliebt war die Kopfnuss.
Unser Religions Lehrer zeigte uns regelmäßig Horrorfilme weil wir ihn ignorieren, und er wurde zuletzt im Nachbardorf 1988 gesichtet, nachdem er die Frau eines Landwirtes geknallt hatte.
Tatsache.
Ja unsere Kindheit war schon was besonderes.
Und die Jugend erst.
Einmal bin ich auf einem Hausdach aufgewacht, nachdem ich zu viel Bier, Wein und Wodka gesoffen hatte.
Ich weiß bis heute nicht wie ich runter kam vom rauf gar nicht zu schweigen.
Oder einmal war ich dermaßen dicht, dass ich zwar in meinem Bett wach wurde, als ich jedoch aus dem Fenster sah, war mein Auto weg.
Worauf ich erkennen musste einem Blackout erlegen zu sein.
Ich hatte keinen blassen Dunst, was letzte Nacht abging.
Waren es die Tequilas der Joint oder diese bunten Pillen welche mir eine Freundin gab. Danach, Filmriss.

Nach einer Stunde des Suchens fand ich meinen Citroën LNA in einer Seitengasse mittig auf der Straße ohne Treibstoff.

Tja es war eine wilde Zeit, aber ich denke es ist besser sich in der Jugend auszutoben als mit 40. Denn während solch Eskapaden in der Jugend durchaus als cool gesehen dürfen, wird dies mit 40 eher peinlich.

Aber hey, normal zu sein war nie mein Plan.

Angepasster Wahnsinn schön eher.

Ich sehe mein Leben als eine Mixtur aus, Lebenserfahrung, Sarkasmus, etwas verrückt und Ziel orientiert.

Anno 2016:

Ein Jahr wie viele andere, jedoch waren die letzten Jahre sehr viel anders als noch vor 16 Jahren.

Nur schwer konnte ich mich damit anfreunden, in einem zentralistischen EU Lemmings Staat zu leben. Fremd bestimmt.

Einigen Staaten wurde der Ausstieg aus diesem Apparat nachgesagt.

In Österreich standen Bundespräsidentenwahlen an, und es war die reinste Farce.

Dies erinnerte stark an Amerikanische Wahlen, bei denen man trotz weniger Stimmen Präsident werden kann.

Fragwürdige Ereignisse ergaben sich und man fragte sich ernsthaft wozu man eigentlich noch zur Urne gehen sollte.

Es kristallisierte sich ein Showdown zwischen dem ehemaligen Grünen van der Bellen und FPÖ's Hofer heraus.

Die Ereignisse waren Slapstick reif.

Am Ende wurde Van der Bellen unser Bundespräsident.

Er führte das Kettenrauchen in der Hofburg ein.
Und dies in Zeiten wo das Rauchen für alle beinahe
überall verboten wurde.
Steuern können's ja zahlen die Raucher und
Autofahrer aber im Rahmen der gesunden
Klimaheuchelei verbieten wir ihnen alles und lassen
sie brennen wie einen Luster.

Die unnötigen Staaten trieben's jedoch auf die
Spitze, indem sie wieder mal das unnötige möglich
gemacht haben.
Gut, die Auswahl war eher zwischen Not und Elend,
also Hillary Clinton und Donald Trump.
Obwohl ich felsenfest davon überzeugt war, dass
Hillary die erste weibliche Präsidentin werden würde,
konnte Donald die Amis mit seinen Sprüchen
begeistern.
Wer hätte das gedacht, dass Donald Trump ins
weiße Haus einzieht.
Ja man muss es nicht verstehen, aber bei der
Auswahl hätte es mich nicht gewundert wenn sie
Charles Manson gewählt hätten.
In den USA ist eben alles möglich.

Ja, was ist sonst noch passiert 2016, so spontan fällt
mir nicht viel ein, bis auf die Tatsache dass mit Nico
Rosberg wieder ein Deutscher Formel 1 Weltmeister
wurde und dass der Häupl weiterhin gerne
Spritzwein trinkt.
Heinz Christian Strache und seine FPÖ gewannen
immer mehr Stimmen laut Umfragen, was wiederum
Linke auf den Plan rief kräftig gegen alles und für
jeden zu demonstrieren.
Manchmal frage ich mich wirklich, woher nehmen
diese Figuren die Zeit und das Geld für
Demoutensilien.

Mir würde nie in den Sinn kommen dermaßen penetrant auf der Straße mit Transparenten zu wedeln.
Ich meine, Fakt ist immer noch, das Volk wählt und basta.
Das Einzige wofür ich auf die Barrikaden gehen würde, wäre Schweinefleisch Verbot.
Denn dann wären wir genau dort wo diese Straßen Clowns uns haben wollen.

Ich habe im Grunde eine sehr konservative Grundeinstellung, weshalb ich es nicht verstehe und akzeptiere, dass man die österreichischen Grundwerte mit Füssen tritt.

Um eines klar zu stellen, ich bin Altenpfleger und arbeite mit Multikulti pur sehr gut und gerne zusammen, meine Kollegen leisten täglich großartiges, aber diese Linke Attitüde würde niemand einfallen.
Dazu werden wir Tag für Tag zu oft mit der knallharten Realität konfrontiert.

Als Ausgleich zum stressigen Berufsleben, gönnen meine bessere Hälfte und ich uns jährlich einen 2 wöchigen Ägypten Urlaub am schönen Roten Meer.
Anfangs als wir 2015 nach einigen Reisewarnungen runter flogen sagten mir viele, wie gefährlich es nicht sei.
Doch kaum in Ägypten angekommen merkten wir schnell, dass die Sicherheitsbestimmungen bei den Ägyptern neue Maßstäbe setzte.
Davon könnens bei uns noch was lernen.
Besonders unser Trip nach Kairo, war vor Sicherheitsbestimmungen nur so durchzogen.
Klar ich würde niemanden raten sich ohne Arabisch Kenntnisse dort alleine aufzuhalten, aber wir fühlten

uns sicherer, als wenn ich nachts durch Favoriten gehe.

Das Einzige dort was tödlich sein kann ist der Fahrstil und zwar von jedem dort.
Ob Bus, Auto, Moped oder der Hunds normale Eselwagen.
Alles was fahren kann fährt, ob auf der Landstraße oder Autobahn.
Ein Aufenthalt im Ausland kann oft entspannend und interessant sein.
Jedoch ist es mir jedes Mal wieder ein Bedürfnis bei der Rückkehr nach Österreich den Schwechater Boden zu küssen.
Auch wenn meine Frau es etwas Übertrieben hält, meine Bedürfnisse sind mir wichtig.

Weihnachten:
In meiner Kindheit in den 70ern waren es wahre Stauden, diese Weihnachtsbäume mussten regelrecht herausgeputzt werden, ansonsten hätte man diese krummen dünnen Zweige an denen die Kerzen mit echtem Feuer hingen gesehen.
Dicke Ketten drüber Lametta und reichlich Alkohol Fläschchen drauf.
Kinderfläschchen gab es nicht, also hingen Likörfkäschchen, Rumfläschchen uvm mit Schokolade überzogen auf dem traditionellen Christbaum.
Das Lametta sorgte regelmäßig dafür dass das Fernsehbild rauschte.
Denn intelligenterweise wurde dieser ja auch neben dem TV Apparat platziert.
Aber die paar Wochen Fernsehrauschen konnten uns nicht beeindrucken.
Ja damals war man schwer zu beeindrucken.

Meine Oma hatte Jahr für Jahr immer wieder einen perfekten Christbaum.
Da saß jedes Lametta wie frisiert.
Auch hatte ihr Christbaum Jahr für Jahr dieselben in Gold und Silber verpackten Zuckerl und die Schokolade, war ebenfalls verpackt in einer Schleifenform.
Und erst diese Zuckerringe, zum Reinbeissen.
Windgebäck hießen die. Wohl weil sie so leicht waren, dass sie jeder Windstoß hinweg fegen würde.

Einmal wollte ich unbedingt so ein leckeres Stück verpackt in goldenem Cellophan essen.
Ich wusste zwar dass Oma immer sagte, „nur ansehen, nicht essen. „
Doch es sah so einladend aus und ich fische mir ein Stückchen.
Als ich es auspackte war ich überrascht, denn es war weiße Schokolade.
Als ich genussvoll reinbeißen wollte, war es als würde ich Styropor zwischen den Zähnen spüren, geschmacklich bitter aber nicht zart, eher wie ein Biss ins Klo.
Ich hab natürlich sofort gespuckt, meine Oma hat nur gelacht.
„Ich habe dir ja gesagt, nur ansehen, nicht essen".
Fazit: Diese Schokolade musste wohl aus den 50er Jahren sein, bestenfalls aus den 1960ern.
Das war mir eine Lehre, das nicht alles was Gold glänzt auch wirklich Gold wert ist.

Egal ob Weihnachten, Ostern oder Geburtstage, es waren Feste bei denen nicht Geschenke im Mittelpunkt standen, sondern der Grund und Sinn des Festes.
Wenn wir rund um diesen riesen Adventkranz in der Schule standen, und „wir sagen euch an, den ersten

Advent…. „ dann war dies mit Gefühlen wie auch Gerüchen verbunden.

Der Sinn der Sache war eben, dass Jesu Geburt anstand.

Diese Tatsache rückte zumindest für mich die Geschenke vorerst in den Hintergrund.

Die Vorfreude war für mich als kleiner Bimpf die Schönste.

Dieser Tannen Nadel Geruch und das Wachs, der Docht, der Rauch wenn man die Kerze ausmachte.

Ich war als Kind sehr Gold und Silber affin.

Ich war begeistert wenn ich Goldpapier oder Silber glänzende Gegenstände sah.

Vor allem in Kombination mit Festivitäten.

Und Weihnachten stand bei mir ganz oben. Als Kind ist man einfach hingerissen von der Geschichte des Jesu Kindes und seiner Historie.

Ich weiß nicht wieviel Kinder heutzutage noch wissen worum es eigentlich geht, oder ob dies anno 2019 überhaupt noch in diesem ursprünglichen Sinne an Schulen zelebriert werden darf.

Man hört immer wieder dass aus Rücksicht auf andere Religionen diverse Traditionen nicht mehr an Schulen zelebriert werden dürfen.

Doch mit dem Niedergang unserer Traditionen und Werte geht auch all dies nieder was uns groß gemacht hat.

Mit dem sich der Österreicher identifiziert, das Wissen seiner Herkunft und Geschichte.

Heute neigt man häufig unsere Geschichte und damit auch gleichzeitig das Leben jener schlecht zu reden die meist unfreiwillig im Krieg gekämpft haben, die Gefangenschaft ertrugen und nicht zuletzt jener die dieses Land aus Trümmer wieder aufgebaut haben.

Heute werden genau diese Bürger in Pflegeheime abgeschoben und alles was sie gegründet haben,

wird von hirnlosen Gutmenschen und völlig
desillusionierten Politkasperl zerstört und zum
Verkauf freigegeben..

Es waren meine Großeltern die durch harte Arbeit
und Disziplin Zeiten erlebt und überlebt haben an
denen heutzutage jeder Normalbürger zerbrechen
würde.
Stattdessen lässt man Fremde ins Land, die außer
dass sie, wie man es früher aber auch in vielen
anderen Ländern, nannte und nennt, Staatsveräter
und Deserteure sind, die hier sich ein Land in dem
Milch und Honig fließt erwarten.

Was soll man von solchen Menschen halten.
Ich persönlich bin lieber vorsichtig abwartend und
zuerst muss sich jeder erst beweisen bevor er auch
nur irgendetwas erwarten kann.
Sonst verkaufen wir unsere Tradition, Sprache,
Geschichte und nicht zuletzt unsere Kultur zum
Ramschpreis.

Was wiederum wie ein Schlag ins Gesicht für unsere
Pensionisten wäre.

Wenn ich zurück denke an die letzten 44 Jahre
meines Lebens, gibt es einige Erlebnisse, die mich
geprägt, beeindruckt, jedoch auch erschrocken
haben.

Meine Kindheitserinnerungen sind leider neben
meist guten Eindrücken, wie diese Lebendigkeit des
Seins, und den bunten Impressionen, auch von eher
traurigen geprägt.
Die traurigste, neben dem Begräbnis meines Vaters
als ich gerade mal 6 war, ist, als mein Vater einige

Monate vor seinem Tod auf einem Feldweg ging und ich ihm entgegen kam.
In der rechten Hand trug er einen orangenen Plastikbagger ohne Verpackung.
Mein Vater gratulierte mir zum Geburtstag.
Als ich das Geschenk meiner Mutter zeigen wollte, nahm sie den Bagger, an dem mein Herz sofort hing, weil er von Papa war und brachte ihn meinem Vater zurück.
Die Worte meiner Mutter, die ich dafür natürlich hasste, waren nur" du sollst nichts von ihm nehmen!"

Es war die wohl schwierigste Zeit in meinem Leben.
Wobei das Leben meiner heutigen Erfahrung nach mit vielen schwierigen Zeiten aufwarten kann.

Der Tag oder besser gesagt der Morgen als meine Tochter das Licht der Welt erblickte.
Ein Gefühl, in dem Moment des ersten Schreies, als würden sich alle Gefühle zu einem vereinen.
Mit Tränen in den Augen lachte ich und hatte Schmetterlinge im Bauch.
Ein Gefühl welches ich seitdem nicht mehr verspürte.
Nicht mal annähernd, auch nicht als ich das erste Mal verliebt war.
Und wie nervös ich war, doch da dies noch in meiner präpubertierenden Zeit war, merkte ich eigentlich nicht dass ich nervös war.
Doch die erste Freundin an die du dich mit 44 noch erinnern kannst, war deine erste Freundin.
Es sei denn du warst ein Kostverächter und hast sie geheiratet.

Zu Ostern, als wir die Osternesterl im Schnee gesucht haben. Meist haben wir sie nur gefunden, weil ein rotes Ei durch den Schnee schimmerte.

Rückblickend sehe ich den größten Unterschied zwischen früher als ich Kind war und dem heutigem Leben in der Sorglosigkeit dass wir früher urbaner waren.

Statt vor dem Laptop, Tablet oder IPhone zu kleben, waren wir mehr in der Natur.

Alleine in der Natur, wenn wir am Boden eine Kastanie fanden, nahmen wir diese in die Hand und weiter ging es.

Oder ein kleiner Ast, der irgendwie interessant aussah.

Einfach aufheben und weiter. Im Herbst durch das Laub.

Ich hörte das Rascheln, dieser leicht nussig modrige Geruch.

Überhaupt waren wir mehr mit unseren Sinnen beschäftigt als heute. Haptisch da immer etwas in Händen war. Olfaktorisch was die Gerüche anbelangte.

Ich 1976 bei meiner Lieblingsbeschäftigung
Geschirr ausräumen.

Ich hatte damals mein eigenes Kasterl, indem sich
ohnehin Sachen befanden die ich immer ausgeräumt
habe.

Ich war als Kind extrem unphotogen da ich immer
nach unten blickte.
Warum?

Ihr könnt euch sicher noch an diesen grauenhaften
Würfel auf der Kamera erinnern.
Den habe ich gehasst, denn es war der Blitz bei dem
man nicht nur auf Fotos rote Augen bekam.

Mein Vater und ich auf der Motorhaube unseres Blitz
blauen Ford Escort.

Wir unternahmen zahlreiche Ausflüge.
Wobei es egal war wohin, solange es etwas zu
sehen, gehen und lachen gab.

Heute muss es ja immer gleich ein Vergnügungspark oder Therme sein, damit den Kids ja nicht langweilig wird.

Ein gravierender Unterschied zwischen damals und heute.

Wenn ich damals einen Stein fand, spielte ich mit ihm.

Ich sah ihn mir ganz genau an, und wenn ich die Möglichkeit fand ihn in 2 Teile zu schlagen dann tat ich es.

Man würde es nicht für möglich halten was ein Stein im Inneren alles offenbart.

Der heiß geliebte Schilling
Der 20er war besonders oft in meiner Hosentasche.

Bis dann die Monopoly Währung, der Euro kam.

Es ist heute frustrierend, wenn man Euro in Schilling umrechnet.

Denn dann merkst du wirklich, wie wenig dieser Zaster eigentlich wert ist.

•

Auf dem nächsten Foto sieht man 500 Euro.
Wenn man bedenkt wieviel es laut Umrechnung ist,

dann käme man auf ca 6000 Schilling.

Jetzt denkt mal nach wie lange wir früher mit 6000
Schilling auskamen, und wie lange heute mit 500

Euro.

Nun es ist so wie es ist.
Zwar hasse ich Veränderungen wie der Teufel das
Weihwasser, aber bin ich auch Realist genug, dass
eine Rückkehr zum Schilling ausgeschlossen ist.

Irgendwann gewöhnt man sich an alles, nur nicht an
die Blödheit anderer.
Und davon gibt es genug Exemplare.
Vor allem in Politik und Wirtschaft.

Beispiele brauche ich an diesem Punkt wohl nicht
nennen, man braucht nur in der Zeitung blättern.
Virtuell oder manuell.

Welche Werte der Vergangenheit blieben übrig?
Was hat sich menschlich verändert?

Während mein Großvater 40 Jahre in ein und denselben Betrieb gearbeitet hat, bevor er sich zur Ruhe setzte, ist es heute schon ein wahres Kunststück auch nur 10 Jahre einer Firma treu zu bleiben.
Was wohl daran liegt, dass heute viele Arbeitgeber ihre Angestellten oft kurz vor dem 10. Jubiläum aus fadenscheinigen Gründen kündigt.
Hauptgrund, die Abfertigung und dass der Arbeitnehmer durch Lohnerhöhungen zu teuer wird.
Stattdessen wird ein junger Arbeitnehmer aufgenommen, der weitaus günstiger kommt.

Handschlagqualität gibt es höchstens unter Freunden, aber sicher nicht mehr am Arbeitsplatz.
Es herrscht eine dermaßen kranke Profitgier, dass man rigoros über Leichen geht.
Der politisch salonfähig gemachte Begriff ‚Fachkräftemangel' ist wohl das Unwort schlechthin.
Planlose, mafiöse Politik die auf dem Rücken der Bürger und ohnehin mittellosen Menschen ausgetragen wird.
Geld in die Kinder und Jugend zu investieren ist wohl rausgeschmissenes Geld für die heutigen Politiker.
Es ist eine Schande, Unmengen an Schulden zu generieren ohne dass man etwas davon sieht.

Aber unserem Bruno werfen sie heute noch vor, massig Schulden gemacht zu haben.
Was schon fast Gotteslästerung ist.
Denn unter Kreisky wurde dies Geld in das Volk investiert.
Und nur dafür.
Klar wurde auch sinnlos Geld ausgegeben, doch zum Vergleich mit der heutigen Lage, ist es ein Witz.

Ständig Neuwahlen, Ibiza Videos, Putsch der Regierung und wieder Neuwahlen.
Den Hintergrund für solche mafiöse Maßnahmen ist klar.
Die Welt möchte keine Mitte rechts Regierung.
Da fühlt sich der Wähler doch erst recht verarscht.

Was ist geblieben von der unbeschwerten Gesamtsituation der 70er?

Nun ja, hauptsächlich Geschichten.

Ich weiß zwar nicht was heute im Geschichtsunterricht gelehrt wird, aber abgesehen vom 2. Weltkrieg sollten sie lieber ‚den echten Wiener' und Interviews von Bruno Kreisky zeigen.
Dann würden sie vielleicht den Unterschied zur heutigen Politik der leeren Phrasen erleben.
Außerdem hätten die Schüler mal die Gelegenheit mit auf ihren Lebensweg etwas mit zu bekommen dass Autorität respektiert werden sollte.
Was den Mundl anbelangt, so hat es Ernst Hinterberger auf den Punkt gebracht.
Nur dass die Serie besser ‚ein echter Österreicher ‚hätte lauten sollen.
Zu oft bekam ich als Schlüsselkind und Kind einer erwerbstätigen Mutter in fremden Familien, dieselben Situationen mit.

Kinder heute sind auf der einen Seite verzogene Gfraster, die nur zu gut wissen, dass man sie nicht anschreien oder andere Autoritäten anwenden darf.

Was auch der Grund ist, dass Angststörungen und Traumata auftreten.
Grund dafür, sie lernen nicht mehr aus Fehler, das wird ihnen schon im Vorfeld abgenommen.

Außerdem entwickeln ihre überforderten Eltern eine Schrei Stimme.

Oft höre ich wie Eltern völlig entnervt sind weil sie ihre Kinder ständig überwachen anschreiben bevor diese noch in der Lage sind Fehler zu machen.

Paradoxerweise, darf man Kinder zu nichts mehr zwingen, anschreien und schon gar keine Watschen.

Fakt ist jedoch das Gegenteil was die Kids komplett verwirrt und selbst zu Schrei Kinder macht.

Schreien deshalb, da sie ansonsten nicht gehört werden.

Was passiert denn, wenn Menschen durch schwachsinnige Null Regelung ohne Richtlinien durchs Leben laufen?

Sie gehen planlos ala Susi sorglos durch ihr Dasein und haben schnell keinen blassen Dunst mehr, wie es weitergehen soll.

So geht der Erziehungswahnsinn dann von Generation zu Generation.

Wie dies endet, kann sich jeder normal denkender Mensch ausmalen.

Man könnte drüber lachen, wenn es nicht so traurig wäre.

Eigeninitiative Fehlanzeige.

Ein weiterer Wahnsinn sind die Politiker, Wirtschafts, und Sportler Gehälter.

Früher wurde politisch gesehen viel mehr geleistet und wenn man die Gehälter vergleicht, könnte man glauben, dass diese Damen und Herren unglaubliches leisten.

Tun sie auch, jedoch nicht im positiven Sinne.

Und werden sie abgewählt, werden unsere ‚Vertrauensmänner' Lobbyisten.

Damit sie noch viel mehr Kohle ackern dürfen.
Damit wären sie dann auch in der Wirtschaft.

Der österreichische Fußball ist mit Verlaub nicht
gerade Welt bewegend.

Und dennoch kassieren unsere Profis als hätten sie
4 mal die Weltmeisterschaft gewonnen.
Natürlich bekommen Weltmeister heutzutage mehr
Geld als unsere Nationalmannschaft.
Doch vergleicht man unsere Helden von einst mit
den heutigen Spielern, dann waren es doch
Taschengelder anno 1978.
Von der Formel 1 braucht man hier gar nicht
sprechen.
Niki Lauda, James Hunt uva. riskierten jedes
Rennen ihr Leben.
Doch erst als der Sport zu Fernsehrechte kam, ging
es aufwärts mit den Gehältern.
Heute wurde der Sport zur elektro Farce.
Und was die Fahrer verdienen ist purer
Luxuswahnsinn.

Früher war Sex sicher und Formel 1 gefährlich
Heute ist es umgekehrt, sagte einst ein ehemaliger
Formel 1 Fahrer.

Nun zum Abschluss :

Als eingefleischter Patriot, welcher Österreich als
seine unbestrittene Heimat sieht, sehe ich leider
auch die heutige Situation unseres Landes.
Froh bin ich dass ich die 70er und 80er als Kind und
Jugendlicher erleben durfte.
Wer außerdem die musikalisch wie auch modisch
aufregenden 90er erlebt und gelebt hat, weiß, was

ich meine, wenn ich sage, dass es ab dem
Millennium moralisch bergab ging.
Da waren keine Highlights mehr.
Abgesehen von der Technik, die Segen und Fluch
zugleich ist.
Der Fortschritt war und ist nicht aufzuhalten.
Das war schon immer so.

Auch die Fernseh Landschaft hatte sich grundlegend
verändert.
Während heute 24/7 Fernsehprogramme das Kinder
vor dem Fernseher parken verlockend macht,
wussten wir, dass ab einem bestimmten Zeitpunkt
Schluss ist.
Man musste als Eltern gar nichts sagen.
Irgendwann kam weißes Rauschen im
Flimmerkasten.
Zudem wussten wir, dass zu viel Fernsehen
schädlich für die Augen ist.
Ich persönlich hielt meine maximal 2 Stunden
fernsehen immer ein. Wer will schon eine Brille
tragen. Damit man Brillenschlange geschimpft wird?
Sicher nicht.

Auch qualitativ waren Kindersendungen eher
fragwürdig, nicht desto trotz weniger unterhaltsam.
Als ich dachte, Pinocchio wäre kranker Wahnsinn,
kannte ich SpongeBob noch nicht.
Mit meiner Tochter hatte ich das Vergnügen alle
Folgen dieses Unterwasser Schwammkopfes
anzuschauen, mehrfach.
Wenn man mal durchschaut hat, worum es geht, war
dieser gelbe Schwamm richtig lustig.
Nur nachdenken sollte man nicht.

Dankbar bin ich meinen Großeltern väterlicherseits,
für ihre Liebe die sie mir entgegen brachten.

Vor allem als mein Vater starb.
So oft es möglich war brachte mich meine Mutter zu ihnen.
Später mit dem Moped oder Fahrrad.
Bei Oma fühlte ich mich einfach wohl und verstanden. Opa war oft im Garten wo er sich um sein Gemüse, welches er für den Eigenbedarf anbaute kümmerte.
Es geht eben nichts über eine Karotte direkt aus dem Boden.
Das bisschen Erde Weg putzen und ab geht die Post.
Das beste bei Rohkost direkt vor Ort ist dieses sandige Gefühl zwischen den Zähnen.

Leider sind meine Großeltern schon lange verstorben, was wiederum aussagekräftig ist wie schnell die Zeit vergeht.

Ich hoffe nur dass die Zukunft hier in unserem Österreich. vom Gscheadn bis zum Professor
Von der Maus bis zum Pferd, von Niederösterreich über Wien bis zum Arlberg, nicht all zu wild und verrückt wird.
Denn bei all den verrückten Dingen die ich erleben durfte darf man nicht vergessen, dass ich nicht jünger werde.
Die Bandscheiben quietschen zwar schon aber bei den Pensionen seh ich schwarz.
Also darf ich mich dann irgendwann mit ca. 85 Jahren meine verdiente Rente verprassen.
Prost.….

Printed in Poland
by Amazon Fulfillment
Poland Sp. z o.o., Wrocław